KB202453

이제 곧 발송합니다

MISSION

열방으로 나아가는 선교사들의 간증

킹스배너

초판 제작에 동역해 준 분들

NK생명나무교회 (김광호 목사)
어린양교회 (진희경 목사)
예수길교회 (송경부 목사)
예수사람들교회 (임석종 목사)
움오름교회 (유경호 목사)
킹스웨이교회 (장승필 목사)

이제 곧 방송합니다

————————————————————

대한예수교장로회(통합) PCK(The Presbyterian Church of Korea)
총회선교사 훈련 제108-2차(73기) 선교사 간증문

2025년 3월 18일 1판 1쇄 발행

펴 낸 이 ┃ 홍원표
펴 낸 곳 ┃ 킹스배너
엮 은 이 ┃ 온현정, 장현주
편집디자인 ┃ 안미경, 이혜진

등   록 ┃ 제 2024-000108 호
주   소 ┃ 서울 마포구 독막로 38 지하 1층 갈대상자4N
이 메 일 ┃ kingsbanner0909@gmail.com
팩   스 ┃ 02-584-0633 (facebook 도서출판 킹스배너)

ISBN 979-11-990832-0-2

이제 곤 발송합니다

MISSION

열방으로 나아가는 선교사들의 간증

추천의 글

선교는 교회의 본질이다. 교회보다 선교가 앞선다. 교회가 성장하고 재정이 남아돌아 선교하는 것이 아니라 선교함으로써 교회가 존재하는 것이다. 선교 없는 교회는 본질을 잃어버린 교회다. 선교는 당연히 하나님의 선교다. 그런데 하나님은 사람을 부르시고 보내시고 함께 일하신다. 따라서 선교에 선교사는 대단히 중요한 요소다.

흔히 선교사는 영웅이라고 생각한다. 아니다. 선교사도 사람이다. 물론 선교사는 남다른 열정과 헌신의 사람이다. 선교사열전이라는 책을 쓴 루스 터커는 이렇게 선교사를 평한다. "선교사들은 단순한 마음을 지닌 사람들이었고, 요즘의 애국자들이나 군인들에게서 흔히 찾아볼 수 없는 열정과 사역에 대한 능력으로 자신들이 감당할 일에 전력을 다했다는 공통점을 갖고 있다."

선교사 역시 연약한 부분이 없지 않다. 인간적인 약점도 가졌다. 실패를 경험하기도 하고, 이런 저런 이유로 상처나 쓴뿌리가 있기도 하다. 선교사도 초인적이 거인이나 성자가 아니라 평범한 사람이라는 말이다. 그럼에도 불구하고 이천 년 선교 역사에 초석이 되고 복음 전파와 확장에 지대한 영향을 미친 사람은 선교사들이다. 위대한 발자취를 남긴 선교사들이 많다. 선교사가 평범한 사람이지만 그들은 자신들을 하나님께 기꺼이 드린 면에서는 결코 평범하다고만 할 수 없다. 오직 위로 하나님만 바라보고 한 사람이라도 구원하리라는 구령의 열정으로 타문화권에 가서 살며 일하며 죽어간다는 면에서 선교사들은 탁월한 사람이다.

이러한 유구한 선교사의 역사를 이어받는 신임 선교사들의 이야기가 간증집으로 나와 참 기쁘다. 이 책에는 선교사들의 삶의 여정과 소명 확인, 그리고 낯설고 물설은 타향으로 가족을 이끌고 선교지에 파송 받아 나가서 사역하는 솔직하면서도 비범한 이야기가 실려있다. 평범하기에 일반 평신도들도 공감할 수 있고, 비범하기에 후대에 부름받을 미래 선교사들에게 귀감이 될 것이다.

이 책은 특별히 총회 선교사로 허입되어 4주간의 훈련을 받으며 자기를 돌아보고, 하나님을 만남과 선교사로의 소명에 관한 이야기를 간증으로 나눈 것이다. 들은 바에 의하면, 선교사 훈련생들은 매일 저녁마다 간증을 나누며 그동안 함께 하시고 섭리하신 놀라운 하나님의 은혜에 감동하여 서로 부둥켜안고 눈물을 흘렸다고 한다. 이 책은 눈물의 감동으로 그려진 맑고 순수하고 아름다운 사연으로 읽는 이의 마음에도 하나님의 은혜의 물결이 스며들게 할 것이다.

- 김영동 교수 전 인도네시아 선교사, 현 장로회신학대학교 명예교수, 주안대학원대학교 초빙석좌교수

　파송 선교사님들의 간증문 '이제 곧 발송합니다.'를 읽으며, 문득 '인출'(Retrieval)이 답이라는 생각이 들었습니다. '인출'이란 머릿속에 들어 있는 생각과 지식, 정보를 바깥으로 내놓는 것입니다. 이 인출 과정을 통해 수동적으로 쌓여 있던 지식, 정보가 재구성, 재해석 되고 이전에 없던 통찰을 얻기도 합니다. 사도 바울은 자신의 다메섹 경험을 사도행전에서만 3번에 걸쳐 간증하며, 유대인들은 평생에 걸쳐 출애굽 사건을 거듭 말하고 또 말하며 과거 사건을 자신의 것으로 만듭니다.

　우리 후배 선교사들의 이 간증이 '그 때, 그 곳에서' 자신을 만나주시고 인도해 주신 하나님이 지금도 여전히 인도하심을 확신하는 진짜 학습의 계기가 되시길 바라며, 동시에 이 귀한 일꾼들을 파송하는 한국 교회 위에 각자의 부르심에 대한 거룩한 '인출' 사건이 일어나길 기도하

며 일독을 권합니다.

– 김철민 목사 총회선교연구위원회 위원장, 대전제일교회

"섬기면서 가장 보람된 일이 무엇이냐"는 질문을 받는다면, 저는 주저 없이 선교사 훈련 과정을 통해 파송 선교사를 세운 일이라고 답할 것입니다. 이번 훈련 과정은 예상치 못했던 도전과 어려움들이 있었지만, 하나님의 은혜로 모든 과정을 잘 마칠 수 있었습니다. 훈련 준비 단계부터 진행, 그리고 마무리까지 헌신적으로 섬겨주신 훈련원장님께 깊은 감사를 드리며, 함께 수고해 주신 모든 선교사님들께도 감사의 마음을 전합니다.

훈련을 마무리하기 전 마지막 주일, 한 교회에서 드린 선교사 훈련생 헌신예배는 잊을 수 없는 순간이었습니다. 온 교회가 깊은 감동에 젖었고, 훈련생들은 간증과 기도로 눈물의 결단을 드렸습니다. 그 시간은 단순한 예배를 넘어 모든 참석자들에게 소중한 영적 자산으로 남았습니다.

훈련생 각자가 모세의 떨기나무 불꽃 앞에서의 부르심과 바울의 다메섹 도상에서의 강렬한 만남 같은 소명을 체험하고, 선교사의 길로 나아가게 된 이야기들은

특별합니다. 이러한 이야기들이 한 권의 책으로 엮여 출간된 것은 또 하나의 선교의 발자취를 남기는 귀한 일이라 생각합니다. 이 책은 선교지에서의 생생한 경험과 영적 도전의 메시지를 담고 있어, 선교사들과 독자들에게 큰 은혜와 깨달음을 전할 것입니다.

"선교지에서 살아보니 돈이 상식이고 불법이 지혜임을 몸소 배우며, 가난과 불안정이 일상인 나라에서 선교사로 살아가는 것은 보호막 없는 무능을 느끼는 일"이라는 고백은 선교사들의 현실을 적나라하게 보여줍니다. 이 책은 선교지의 치열한 삶과 선교사들의 뜨거운 가슴을 생생히 전달하며, 또 하나의 사도행전이라 부를 만한 가치를 지니고 있습니다.

이 책이 복음에 대한 열정을 다시 일깨우고, 독자들로 하여금 선교지의 감격과 결단을 함께 나눌 수 있기를 바랍니다. 또한, 먼 훗날 선교사들이 이 책을 다시 펼쳐보며 그때의 뜨거웠던 감정을 되새길 수 있기를 소망합니다. 복음의 열정을 함께 나누며, 선교사들과 선교 현장, 그리고 이 책을 읽는 모든 이들에게 주님의 은혜와 축복이 충만하기를 기도합니다.

- **서은성** 목사 총회 세계선교부장, 상신교회

가려진 길을
비추기 위해

우리의 이야기가 모였습니다. 혼자였다면 결코 완성하지 못했을 이 책이, 함께였기에 가능했습니다. 나의 이야기가 힘을 내려면 많은 장치가 필요하지만, 우리의 이야기들을 모으니 힘이 생깁니다. 훈련을 추억하는 힘, 서로를 위한 중보하는 힘, 각자의 부르심을 고백하는 힘입니다.

우리들의 이야기라서 소중하지만, 73기 총회선교훈련 과정을 마친 후에 나온 이 책이 단지 우리만의 이야기가 되지 않도록 유의했습니다. 하나님께 드리는 각자의 찬양과 사랑으로 드리는 고백이 모인 이 책이 독자들에게도 설득력이 있어야 한다고 생각했습니다. 이런 책이 된다면, 우리가 부끄러움을 무릅쓰고 엮은 이 책에 대해 보람을 느끼리라 기대합니다.

편집 작업을 하면서 한 글자, 한 문장을 깊게 읽어가며 책을 먼저 경험했습니다. '그'의 하나님은 '나'의 하나님이고 또 '우리'의 하나님이시기에, 이 책의 소회(所懷)들이 독자 모두에게 생생히 전달되리라 기대하며 작업을 이어갔습니다. 훈련원장님의 권고로 책 만드는 작업이 시작되었습니다. 선교사의 삶을 담은 사랑과 눈물, 그리고 정겨운 이야기들을 모아 출간하자는 취지에 편집에 자원했습니다. 글의 소중함을 알고, 사람의 기록이 누군가를 위해 쓰이도록 돕는 가치를 중요하게 여기기에 그 뜻에 공감했나 봅니다.

30여 명의 같은 듯 다른 이야기들을 읽고 다듬는 과정은 실로 만만치 않은 작업이었습니다. 짧든 길든, 각 글 속에 담긴 인생 여정에 동참해야 하는 과정이기에 그랬습니다. 때로는 그들의 시선에서 하나님을 바라보고, 때로는 옆에서 객관적으로 표현할 방법을 고민하며 인내와 집중력을 발휘해야 했습니다.

일상의 시간을 내려놓아야 하는 순간들이 섭섭하기도 했지만, 이 작업의 의미를 알고 있었기에 기꺼이 참여할 수 있었습니다. 그 결과, 각자의 찬양과 고백을 더 깊이 새기며 특별한 은혜를 누리는 시간을 가질 수 있었습니다.

누군가에게는 익숙하거나 식상하게 느껴질 수 있는 글이라도, 그 안에서 우리의 삶을 이끄신 하나님의 손길을 발견해 주신다면 더할 나위 없이 감사하겠습니다. 이 책을 읽는 훈련 동기들과 훈련을 지도하신 분들께서도 같은 마음으로 서로를 깊이 이해하고 품어주는 역사가 일어나길 기도합니다.

잊지 못하도록 각인된 책이 있으니 우리는 평생 서로를 위해 기도해야 할 것입니다. 각 인생이 걸어가는 선교 현장의 기록이 동기들의 가려진 길을 서로 비추는 따스한 작은 빛이 되길 소망합니다.

2024년 8월
서남아시아 P국 온현정

CONTENTS

PART 2_ 훈련원 교수 간증

PART 1

PCK (대한예수교장로회 통합)
총회선교사훈련원 73기 간증

맨땅에 헤딩해도, 좋소

동남아시아 M국 선교사 강범수

그때는 몰랐습니다

한국에서 선교 훈련과 파송 예배를 마치고 마침내 선교지로 귀임했습니다. 현재 사역 중인 곳은 양곤에서 비행기로 한 시간, 이후 차로 40분을 더 이동해야 닿을 수 있는 지역입니다. 브라질로 떠나는 선교사보다 하루 먼저 출발했지만, 목적지에 도착한 시간은 그들보다 반나절이나 늦었습니다. 이번 훈련을 위해 양곤으로 이동할 때 차량으로 약 12시간이 걸릴 예정이었습니다. 그러나 우기의 스콜성 비로 도로가 유실된 곳이 많았고, 불안정한 정세로 검문이 잦아지며 길고 험난한 여정이 되었습니다.

훈련 기간 동안 함께한 동기들과의 시간은 저에게 큰 은혜였습니다. 각자가 숨기고 싶었던 아픔과 상처가 누군가에게는 빛과 위로가 되는 경험을 통해, 우리는 서로에게 빚진 마음으로 각자의 이야기를 기록해보기로 했습니다. 그때는 몰랐습니다. 이 작업이 마치 꼬리에 방울을 단 것처럼 계속 신경 쓰이는 일이 될 줄은요. 바쁜 일정을 뒤로하고, 선교는 기록이라는 훈련의 가르침을 따라 몇 자 적어내려가기 시작했습니다.

나는 정통파?!

저는 3대째 신앙을 이어오는 가정에서 태어났습니다. 외증조부는 신의주 제2교회의 장로셨고, 한경직 목사님이 전도사로 사역하던 시절의 이야기를 들으며 자랐습니다. 6.25 전쟁을 겪으며 가족들은 월남해 영락교회에서 신앙생활을 이어갔습니다. 외할머니께서는 교회 건축을 돕기 위해 벽돌을 나르며 헌신하셨다고 합니다. 이렇게 저의 가정은 신앙의 유산을 풍성히 받은 축복을 누렸습니다.

어느 날, 선교지에서 한 집사께서 제 배경을 들으시고 불쑥 "오, 정통파!"라고 말씀하셨습니다. 저도 웃으며 "그렇죠. 제가 그 정통파입니다!"라고 응수했습니다. 하지만 한국말은 끝까지 들어봐야 한다고 하지 않습니까. 그분은 이내 "정통파는 할 줄 아는 게 없죠?"라고 말씀하셨습니다. 요식업으로 유명한 분의 눈에 제 사역 모습이 부족해 보였던 모양입니다.

"네?" 예상치 못한 말에 당황했지만, 마음을 다잡고 "아니요, 저도 할 줄 아는 게 있습니다!"라고 대답하려 했습니다. 그러나 조금 더 생각해보니 그 말이 틀리지 않았습니다. 모태신앙으로 교회 안에서 자라다 보니 교회 밖 세상에 대해서는 문외한이었습니다. 선교지에서 돈이 상식이고 불법이 지혜임을 몸소 배우며, 교회의 일반적 상식이 이곳에서는 힘을 발휘하지 못하는 현실을 절감했습니다. 가난과 불안정이 일상인 나라에서 선교사로 살아가는 것은 보호막 없는 무능을 느끼는 일이었습니다. 결국 저는 그분의 농담 반 진담 반 섞인 말에 암묵적으로 동의하며 아무런 대답도 하지 못했습니다.

교회가 제일 좋은 아이

저는 유년 시절과 사춘기를 큰 문제 없이 보냈습니다. 교회는 저의 안식처이자 즐거움의 공간이었습니다. 교회에서 밥을 먹고 공부하며, 악기를 연주하고 찬양하면서 지냈기 때문에 탈선할 여지도 없었습니다. 그러나 늘 교회에서 생활하다 보니 생긴 부작용도 있었습니다. 저의 삶에 가장 큰 영향을 준 사람들이 바로 목사님들이었다는 점입니다. 믿지 않는 사람들에게는 다소 이상하게 들릴 수 있지만, 저에게는 자연스러운 일이었습니다.

故 한경직 목사님, 박조준 목사님, 임영수 목사님, 김동호 목사님을 다른 어떤 위인들보나 존경했습니다. 그들의 삶과 말씀은 저에게 깊은 영향을 주었습니다. 초등학교 시절, 독후감 숙제가 나올 때마다 친구들은 위인전기를 읽고 글을 썼지만, 저는 담임목사셨던 박조준 목사님의 설교 테이프를 듣고 독후감인지 감상문인지 모를 글을 제출하곤 했습니다. 그 시절 저에게 목사라는 직임은 세상에서 가장 존경받을 만한 일이었습니다.

이런 영향을 받아 결국 저도 목회자의 길을 선택했습니다. 2009년, 마흔의 나이에 목사 안수를 받았습니다. 너무 어린 나이에 목사가 되는 것은 옳지 않다고 생각하며 적절한 시기를 기다렸습니다. 목사 안수를 받던 날, 어린 시절부터 품어온 꿈을 이루었다는 감격에 많이 울었습니다. 그리고 스스로 다짐했습니다. "상처 입은 자를 치유하고, 아무도 예배하지 않는 곳에서 하나님을 예배하리라."

목회자로서 소외된 계층과 사각지대에 있는 성도들에게 늘 관심을 두고, 그들을 돕기 위한 목회를 배우고자 노력했습니다. 방치된 자녀들을 위한 기도회를 열고, 각종 사역의 틈새를 메우는 기도 모임을 만들며 기도의 사람들을 세우는 일에 헌신했습니다.

선교사로 부르심

어느 날, 부임한 지 얼마 되지 않은 교회에서 M국으로 단기선교를 다녀오라는 당회의 지시를 받았습니다. 교회 역사상 처음으로 중등부 선교 여행이 진행되는데, 인솔자가 전도사이므로 목사가 동행해야 한다는 이유였습니다. 그렇게 저는 M국으로 향했고, 그 우연한 기회가 저희 가정을 선교사의 길로 이끌었습니다.

사실 저는 선교사가 될 생각을 해본 적이 없었습니다. 먹는 음식을 가릴 만큼 예민하고, 낯선 잠자리에서는 잠을 이루지 못하는 제가 해외에서 산다는 것은 꿈조차 꾸지 못할 일이었습니다. 한국에서 목회하며 상처받은 이들을 돌보는 목사가 되는 것만이 제 유일한 목표였습니다. 한편, 아내는 청년 시절 선교사로 헌신한 적이 있었습니다. 그러나 제가 선교사로 나갈 생각이 없다는 것을 알고는 "우리는 보내는 선교사로 살자"며 선교사의 꿈을 내려놓았습니다. 때로는 기도해 주시는 목사님들과 권사님들이 "선교사로 살게 될 것"이라고 말씀하셨지만, 속으로는 단호히 "저는 아닙니다"라고 부인하곤 했습니다.

그러던 중 두 번째 M국 방문은 제 삶의 전환점이 되었습니다. 단기선교를 마치고 귀국하는 길에 함께했던 선생님들이 "우리 교회도 이제는 선교사를 파송해야 하지 않겠습니까? 역사와 규모를 생각할 때, 누군가 파송을 받으면 좋겠습니다"라고 말씀하셨습니다. 그 대화 속에서 제 마음이 뜨거워졌습니다. 그리고 제 입에서 이런 말이 나왔습니다. "그러면 제가 가겠습니다. 그러니 우리 모두 선교하는 교회를 만들어 봅시다!" 그날 저의 결단은 귀하고 감동적이었을지 모르지만, 사실 아무런 준비도 되지 않은 상태였습니다. 열정은 있었지만, 선교적 전략이나 실질적인 준비는 부족한, 다소 무모한 헌신이었습니다.

살아계신 하나님을 만나다

하나님께서는 "하나님을 예배하지 않는 곳에서 예배하는 자가 되겠다"는 저의 결단을 기쁘게 받으셨습니다. 하지만 선교사의 삶은 단순한 열정만으로 가능한 일이 아니었습니다. 홀로 사역자로 헌신하던 청년 시절과는 달리, 이제는 가족을 책임져야 하는 가장으로서의 책무가 있었습니다. 또한, 파송 교회의 돌봄 없이 현장으로 나간 다는 것은 매우 큰 위험을 수반한다는 것을 뒤늦게 깨달았습니다. 나이가 들어 출발하려니 준비하며 지체되는 시간이 아깝기도 했지만, 막상 선교지로 향한 첫걸음은 그야말로 맨땅에 헤딩하는 격이었습니다.

당시 큰아들은 초등학교 2학년, 둘째는 6살 유치원생이었습니다. 그들과 함께 낯선 언어와 문화 속에서 적응하는 일은 생각보다 훨씬 어려웠습니다. 단기선교로 방문했던 때와는 차원이 다른 도전이었습니다. 이럴 때 파송 교회가 있었다면 얼마나 큰 힘이 되었을까요? 파송 교회는 단순히 물질적 지원을 넘어, 선교사가 쉼을 얻고 방향을 정할 수 있도록 돕는 항공모함과 같은 역할을 합니다. 그러나 당시 저에게는 그런 교회가 없었고, 막막한 상황을 나눌 곳도, 위로받을 길도 없었습니다.

물론 주님은 그때나 지금이나 함께하셨지만, 그 당시에는 주님의 음성과 주님의 손길이 전혀 들리지 않고 보이지 않았습니다. 저는 고독과 위기감 속에서 몸과 마음이 병들어 갔습니다. 심한 위 출혈과 정서적 불안정 속에서 제 삶은 죽음과 다를 바 없었습니다. 하지만 바로 그 자리에서, 제 자아가 죽고 살아계신 하나님을 만나는 은혜를 경험했습니다. 이전까지 제가 알고 있던 하나님은 전통과 습관에 갇힌 종교적 하나님이었습니다. 그러나 고통 속에서, 저는 마치 욥처럼 "귀로만 듣던 주님을 이제는 눈으로 뵙게 되었습니다."

언제나 주님과 함께

"나는 죽었고 내 안에 그리스도가 살아계십니다!"라는 고백이 저의 새로운 삶의 출발점이 되었습니다. 이후 저는 파송 교회를 만나게 되었고, 총회 파송 선교사가 되는 기회도 얻게 되었습니다. 주님께서 준비하신 하나하나의 과정은 너무도 소중하고 감사한 일이었습니다.

어느 날 새벽, 주님께서 제게 물으셨습니다. "이제 파송 교회가 생기고 총회 선교사가 될 수 있어 좋니? 만약 그것이 없다면 실망했겠니?" 주님의 질문은 언제나 제 마음을 찌릅니다. 저는 이렇게 대답했습니다. "아니요, 주님. 그럴 리가요. 선교지에서 매일 맨땅에 헤딩하던 그때는 주님이 함께하신다는 사실을 믿지 못했습니다. 그래서 불안하기만 했습니다. 하지만 이제는 아닙니다. 주님이 언제나 함께하심을 믿기에 이제는 주님만으로 충분합니다."

선교사 훈련을 마치던 날, 큐티 본문으로 사도행전 20장을 읽는 중 목이 메어 한동안 말을 잇지 못했습니다. **"여러분은 자기를 위하여 또는 온 양 떼를 위하여 삼가라 성령이 그들 가운데 여러분을 감독자로 삼고 하나님이 자기 피로 사신 교회를 보살피게 하셨느니라"** (행 20:28)

이 말씀을 읽으며, 선교지에 세워질 교회와 파송 교회를 위해 저를 부르신 하나님의 음성을 다시 한번 들었습니다. 주님이 피 값으로 사신 그 교회를 보살피라는 사명을 마음 깊이 새기며, 이 이야기를 나눌 수 있음에 감사드립니다.

나의 끝,
하나님의 시작

동남아시아 M국 선교사 이혜진

죽음을 묵상할 때 만난 '살아계신 하나님'

저는 불신자 집안의 장녀로 태어났습니다. 가부장적인 엄한 아버지 밑에서 자기 몫을 잘하는 착한 딸이었습니다. 고등학교 1학년 때 아버지의 사업이 망하면서 가정이 많이 어려워졌고, 사춘기 소녀였던 저는 매우 버거운 시간을 보냈습니다. 그때부터 '삶은 무엇이지? 왜 살아야 하지?'에 대한 고민이 시작되었습니다. 친구의 전도로 교회에 다니게 되었지만, 믿음이 생기지 않았습니다. 믿음이 없었기에 이성적으로 이해되지 않는 교회를 대학 입학 후에는 다니지 않았고, 교회 시스템을 비판하고 복음을 핍박하는 사람이 되었습니다.

삶의 이유를 알고 싶어 대학에 들어갔지만, 그곳에서

배운 세상의 진리는 제 마음을 더욱 공허하게 만들 뿐, 어떠한 소망도 주지 못했습니다. 이런 삶을 계속 살아야 한다면 차라리 죽는 게 낫다고 생각하던 때, 예수님을 먼저 만난 여동생이 저를 전도했습니다.

여동생의 삶은 제가 고등학생 때 봤던 교회 다니는 사람들과는 사뭇 달랐습니다. 고3이라는 바쁜 시기에도, 재미없어 보이는 성경책을 매일 읽고 기도하는 모습을 자주 보았습니다. 여동생은 확신에 찬 목소리로 "언니, 천국과 지옥은 정말 있어! 예수님을 믿지 않으면 지옥에 가게 돼. 하나님은 정말 살아 계셔." 같은 말을 하곤 했습니다. 처음에는 이해할 수 없었지만, 죽음을 고민하던 저에게는 그 말들이 묘한 호기심을 불러일으켰습니다. '정말 하나님이 계실까? 그렇다면 나는 어떻게 해야 하지?'라는 의문이 생겼고, 그 답을 찾기 위해 여동생의 권유대로 교회에 나가기로 결심했습니다.

하나님을 만나지 못한다면 다시는 귀찮게 하지 않겠다는 약속을 받고, 오랜만에 교회에 발을 들였습니다. 주일 예배, 캠퍼스 예배, 그리고 금요 철야 기도회까지 참석하며 하나님을 찾기 시작했습니다. 특히 처음 참석한 금요 기도회는 제게 매우 낯설고 충격적이었습니다. 많은 사람들이 모여 찬양하고, 큰 소리로 기도하며 열정적으로 예배드리는 모습이 익숙하지 않았습니다. 여동생은 저에게도 말했습니다. "언니, 지금까지 지은 죄들을 떠오르는 대로 다 고백하고 예수님께 용서를 구해!" 동생의 권유에 따라 순종하는 마음으로 기억나는 모든 죄를 고백했습니다. 그리고 이렇게 간절히 기도했습니다. '하나님, 정말 살아 계시다면 제가 부인할 수 없는 방법으로 저를 만나주세요. 저, 교회 처음 온 것 아니잖아요. 억지로 떠밀려서 믿고 싶지는 않아요.'

그 순간, 제 혀가 꼬이고 제 뜻대로 말을 할 수 없게 되었습니다. 처음 만난 캠퍼스 간사께서 제가 하는 이상한 말을 해석해 주셨고, 나중에야 그것이 '방언'이라는 것을 알게 되었습니다. 이성적이고 의심이 많았던 저에게 하나님께서는 초자연적인 방법으로 자신을 나타내셨고, 그 경험을 통해 하나님을 영접하게 되었습니다. 이 사건을 계기로 제 믿음은 더욱 깊어졌고, 대학교 2학년 여름 수련회에서 하나님의 은혜를 경험하며 선교사로 헌신했습니다.

선교적 존재로 다듬어지다

대학 졸업 후, 하나님과의 약속을 지키기 위해 2년간 모은 돈으로 선교 훈련에 참여했습니다. 1997년 네팔에서 한국 ARM(Gospel Recording) 선교훈련을 받으며, "그들의 말로 듣게 하라"는 구호를 따라 네팔 산속 소수 종족에게 복음을 전하는 사역에 동참했습니다. 하지만 그 당시 저는 영혼 구원에 대한 열정도 부족했고, 나의 노력과 헌신만으로 선교가 가능하다고 착각하던 미숙한 초보 선교사였습니다. 그곳에서 섬기며 선교는 단순한 '일'이 아니라, 하나님과의 '관계'에서 시작되는 사랑의 실천인 것을 배웠습니다.

미래의 자비량 선교를 위해 경제적 기반을 마련하고자 한국으로 돌아와 웹디자인을 공부했습니다. 당시 온누리교회 청년부 담당 목사님께서 "선교사로 나가기 전에 교회 사역을 배우는 것도 좋은 준비가 될 것"이라 권유하셨습니다. 이에 따라 1998년 겨울, 서울 서빙고에 위치한 온누리교회(故 하용조 목사 시무)에서 신문사 협력 간사로 섬기기 시작했고, 2000년부터는 홈페이지 팀의 전임 간사로 일하게 되었습니다.

이 시기에 교회 안팎에서 진행되는 다양한 사역과 1년에 네 번 열리는 컨퍼런스를 섬기며 실제적인 교회 사역을 경험했습니다. 또, 선교를 중요하게 여기는 교회의 방침을 따라, 미션 퍼스펙티브스 (Mission Perspectives), 와이미션(Why Mission), BEE(Biblical Education by Extension), 예수제자학교(JDS) 등의 다양한 선교훈련을 받으며 신교의 본질과 비전을 깊이 배우게 되었습니다. 이 시간은 선교적 정체성을 확립하고 주님의 사랑을 더욱 깊이 경험하며 하나님을 알아가는 귀한 여정이었습니다.

주님의 때가 되매

신학생이었던 남편을 만나 결혼하고 아이를 키우는 동안, 故 하용조 목사님의 "평생 배우든지, 가르치든지 하라"는 가르침을 따라 훈련받으며 선교적인 삶을 살고자 노력했습니다. 주님의 은혜로 섬기는 교회마다 좋은 성도님들과 하나님의 살아 계심을 경험하는 복된 시간을 보냈습니다.

특히, 전주에 위치한 한 교회에서 7년 동안 부목사 사모로서 남편과 함께 동역하며 사역했습니다. 그 기간 동안 교회 안에 선교와 중보기도의 열정을 심고자 애썼습니다. 그러나 사역 7년 차에 맞이한 새벽기도 시간, 주님은 분명히 말씀하셨습니다. "이제 때가 되었다."

그 무렵, 평생 목회에 전념할 것 같던 남편은 '선교학'을 공부하며 선교에 대한 비전을 이야기하기 시작했습니다. 가정적으로도 큰 변화가 찾아왔습니다. 결혼 후 6년 가까이 아이가 생기지 않았던 우리가 두 아들을 선물로 받았고, 아이들은 9살과 6살이 되며 가정이 안정되어 갔습니다. 동시에 섬기던 교회도 혁신도시로 이전하며 아름다운 건축을 마쳤고, 규모와 활기가 더해졌습니다.

그러나 '교회의 존재 이유는 선교'라고 믿었던 제게는, 단 한 명의 선교사를 파송한 후 더 이상 파송 선교사가 없는 교회의 상황이 마음 아프게 다가왔습니다. 저는 교회 안에서 슬퍼하시는 하나님의 마음을 강하게 느꼈습니다. 그때부터 주님께서 분명한 사인을 주시면 선교사로 나가겠다고 기도드리기 시작했습니다.

여러 우여곡절 끝에, 재정적인 후원이 보장되지 않은 상태였지만, 새벽기도 중에 주님께서 보여주신 환상과 "가라!"는 분명한 음성에 순종하여 선교지로 떠났습니다. 지금 선교지에서 7년째를 맞이하며, 주님이 신실하시고 약속을 지키시는 분임을 고백합니다.

불의 연단을 통과하며

선명한 약속을 받고 선교지에 나섰지만, 우리 가족은 2년 10개월 동안 뜨거운 불 같은 연단의 시간을 통과해야 했습니다. 어느 날 남편이 위출혈과 우울증 진단을 받았고, 한국으로 귀국해 치료를 받아야 한다는 권유를 받았습니다. 하지만 그때 우리에게는 의논할 파송 교회나 단체가 없었습니다. 오직 우리를 믿고 지지해 주는 몇몇 개인 후원자들만 있었지만, 그분들에게까지 기도의 무거운 짐을 지울 수 없었습니다. 그 결과 우리는 오직 주님만을 붙들며 '독대의 시간'을 갖게 되었습니다. 그 고통스러운 시간은 인생에서 다시는 경험하고 싶지 않을 만큼 힘들었지만, 그 안에서 두 가지 중요한 진리를 분명히 배웠습니다. '하나님은 결코 우리를 떠나지 않으신다.' 그리고 '인생의 모든 답은 하나님께 있다.'

이 광야와 같은 시간을 지나며, 우리를 부르신 주님의 인도하심에 대한 깊은 내적 확신을 얻게 되었습니다. 또한, 선교지에서 받은 은혜가 너무 크다는 사실을 깨달았습니다. 선교사로 헌신하며 이 땅에 나왔지만, 오히려 이곳에서 주님을 더 알아가고, 주님이 예비하신 은혜의 자리를 경험하게 되었습니다.

'선교의 주체는 하나님'이라는 사실을 더욱 깊이 체험

하며, 그분을 따라가는 삶이 얼마나 기쁨이 넘치는지 알
게 되었습니다. 매 순간 내가 얼마나 부족하고 하나님의
은혜가 필요한 존재인지 깨닫고, 주님께 나아갈 수 있음
에 감사드립니다.

저는 소망합니다. 이곳 M국의 영혼들에게 제가 받은
'값없는 주님의 십자가 사랑과 구원의 소식'을 전하며,
하나님의 나라 확장에 전적으로 쓰임받기를 바랍니다. 현
재, M국 중부 지역인 아웅반에서 청년과 청소년, 어린이
를 중심으로 교회 개척 사역을 진행하고 있습니다.

총회 선교훈련 그리고 감사

이번 총회 선교훈련은 지난 사역을 돌아보고, 나 자신
을 점검할 수 있는 귀한 시간이었습니다. '어느 부분이
부족하고 무엇을 보완해야 할지? 내가 도달해야 할 목적
지는 어디이며 어떻게 가야 하는지?' 이러한 질문들을 던
지며 앞으로의 길을 비춰주는 지도를 받은 듯한 시간이
었습니다.

특히, 신학 수업을 한 번도 들어본 적 없는 저에게 이
번 신학 수업은 새로운 배움의 즐거움을 안겨주었습니다.
한 교수님께서 하신 말씀, "신학은 나무의 뿌리와 같아

서, 뿌리가 견고히 내린 나무는 어떤 역경에도 쉽게 흔들리지 않듯, 선교 사역에서도 분명한 선교 신학이 있을 때 요동하지 않고 목적지에 도달할 수 있다"는 가르침이 마음에 깊이 와닿았습니다. 그 말씀처럼, 신학이 있는 선교사와 없는 선교사의 차이는 처음에는 크지 않아 보일지라도, 최종 목적지에 이르렀을 때는 큰 차이를 만든다는 사실을 깨달았습니다. 이번 훈련을 통해 신학적 기반의 중요성을 새롭게 인식하며, 제 사역과 삶의 방향성을 더욱 견고히 할 수 있는 귀중한 시간이었습니다.

대한예수교장로회(PCK) 교단의 선교 신학은 저에게 큰 울림을 주었습니다. 복음주의를 기반으로 다양한 방식과 모양으로 영혼을 구원하며 동역할 수 있는 '에큐메니컬 신학', 그리고 살아계신 하나님이 선교의 주체가 되시는 '하나님의 선교(Missio Dei)'는 제 가슴을 뛰게 했습니다. 비록 적은 수의 선교 신학 책을 읽고 정리하는 데 그쳤지만, 이를 통해 선교 신학의 개념을 잡고 그 깊이를 조금이나마 맛볼 수 있었던 시간은 제게 매우 귀한 은혜였습니다. 이러한 기회를 허락하신 하나님께 감사와 영광을 돌립니다.

또한, 하나님 나라를 함께 세워가는 동역자들과의 '동

반자 선교'가 얼마나 큰 힘이 되는지도 체험했습니다. "빨리 가려면 혼자 가고, 멀리 가려면 함께 가라"는 말처럼, 동역자들과 함께함으로 얻는 격려와 기쁨을 깊이 느낄 수 있었습니다. 각기 다른 성품과 은사를 가진 지체들을 통해 하나님 나라의 아름다움을 맛보고, 하나의 교회로서 한 몸을 이루는 경험을 하며 큰 은혜를 받았습니다.

5주간의 훈련은 짧았지만, 매우 알차고 귀한 시간이었습니다. 이러한 훈련의 장을 마련해주신 대한예수교장로회 통합 교단과 총회에 깊은 감사를 드립니다. 나중에야 이 훈련이 진행되기까지 얼마나 많은 분들의 보이지 않는 손길이 있었는지 알게 되었고, 그분들께도 진심으로 감사의 마음을 전합니다. 마지막으로, 이 모든 과정을 계획하시고 주관하신 주님께 영광을 돌립니다!

눈물과 기다림을 지나
소망과 생명으로

폴란드&우크라이나 선교사 김민년

하나님께서 들으시는 간절한 기도

　하나님을 인격적으로 만나기 전까지, 내 인생의 주인은 언제나 나 자신이라 믿었습니다. 노력하는 만큼 결과가 달라진다고 생각하며, 신앙생활조차도 열심히 하는 만큼 복을 받고 믿음이 자란다고 여겼습니다. 그러나 노력만으로는 얻을 수 없는 한 가지가 있었습니다. 그것은 바로 방언이었습니다.

　기도에 서툴렀던 나는 10분이 지나면 더 이상 할 말이 없었지만, 1시간, 2시간씩 방언으로 기도하는 권사님들의 모습은 너무도 매력적으로 다가왔습니다. 방언 기도를 통해 나도 깊이 기도하고 싶다는 열망이 생겼습니다. 그 열망은 어머니를 졸라 대구의 기도원을 여러 차례 찾게 만들었고, 저녁 집회가 끝난 뒤 산에 올라 밤새도록 부르짖으며 하나님께 간절히 구하게 했습니다. "하나님, 저에게도 방언을 주세요. 저도 오래 기도하고 싶습니다." 하지만 하나님은 침묵하셨습니다. 그때는 그것이 나의 의를 위한 기도라는 것을 알지 못한 채, 오히려 하나님을 원망했습니다.

그렇게 방언을 포기하려던 어느 날, 수련회에 참석하게 되었고, 첫날 저녁 기도를 시작하자마자 내 입에서는 생전 들어본 적 없는 말이 흘러나오기 시작했습니다. 방언의 은사를 받는 그 순간, 내 삶은 완전히 바뀌었습니다. 일상의 모든 순간이 설레고, 벅찬 감동과 기쁨으로 눈물이 마르지 않았습니다. 이제는 복을 바라며 기도하는 것이 아니라, 기도 자체가 좋아 밤새 철야를 하고, 말씀이 그리워 이불을 덮어쓰고 성경을 읽었습니다.

예수님을 사랑하는 마음에 "주님께서 기뻐하실 일이 무엇일까?"를 찾으며 기도하던 중, 마태복음 28장의 말씀에서 모든 민족을 제자로 삼으라는 명령이 마음 깊이 새겨지며 선교사의 길로 부름받았음을 확신하게 되었습니다.

라트비아 첫 선교, 씁쓸함

대학생 시절, 1년간의 러시아 단기 선교는 선교사로서의 부르심을 더욱 확신하게 한 시간이었습니다. 그러나 결혼 후 현실적인 문제들을 직면하며 마음이 흔들리기 시작했습니다. 생계를 위해 회사에 다녀보기도 했지만, 마음 한구석이 늘 허전했습니다.

2016년 9월, 인천교회의 파송을 받아 라트비아로 첫 선교를 떠났습니다. 처음엔 열정으로 가득했지만, 비자 발급을 도와준 현지 교회 목회자가 지속적으로 재정 지원을 요구하면서 어려움이 시작되었습니다. 초기에는 그들의 사정을 이해하며 생활비를 떼어 헌금했지만, 시간이 지날수록 그 요구는 끊이지 않았습니다. 심지어 대학교나 공원에서의 전도 활동마저 "우리 교회로 올 사람이 아닌데 왜 전도하냐"는 이유로 제지당하며 사역에 큰 제약이 생겼습니다.

준비 없이 떠난 선교는 점점 더 힘겨워졌습니다. 관계의 갈등과 전도의 제한 속에서 날마다 눈물로 버티며, "선교는 아무나 할 수 있는 것이 아니구나"라는 뼈아픈 교훈을 얻었습니다. 결국, 1년 만에 선교지를 떠나 한국으로 돌아오게 되었습니다.

하나님의 회복과 생명의 선물

귀국 후, 저는 신학대학원에 입학하며 하나님께서 교회를 얼마나 사랑하시는지를 배우는 시간을 가졌습니다. 인천교회에서 7년간 섬기며 총회 파송 선교사가 되기 위한 준비를 차근차근 해나갔습니다.

이 과정에서 저희 가정은 하나님께서 주시는 특별한 은혜를 경험했습니다. 저희는 결혼 후 2년 만에 라트비아에 가게 되었고, 여러 가지 스트레스로 인해 아이를 가질 시기를 놓쳤습니다. 이후 결혼 7년 차에 간절히 기다리던 아이를 유산으로 잃고, 깊은 상실감에 빠졌습니다. 모든 것이 무의미하게 느껴졌습니다. 그러나 하나님께서는 저희의 아픔을 아시고 치유의 시간을 허락하셨습니다.

2024년, 선교 훈련을 받던 중 기적이 찾아왔습니다. 결혼 10년 만에 병원에서 아이의 심장 소리를 듣는 순간, 저희는 생명의 주인이 하나님이심을 고백하게 되었습니다. 하나님께서는 선교사로 부르심에 순종한 저희 가정에 가장 귀한 선물을 주셨습니다. 할렐루야!

우크라이나와 러시아에 평화를 주소서!

저희 가정은 우크라이나를 가슴에 품었지만, 전쟁의 여파로 인해 직접 갈 수 없는 상황입니다. 대신 우크라이나 난민들이 가장 많이 머무는 폴란드에서 사역을 준비하고 있습니다.

저희가 10년간 간절히 기다리던 아이를 얻은 것처럼, 전쟁으로 고통받는 우크라이나와 러시아 백성들에게도 하나님의 평화가 임할 줄 믿습니다. 고통의 기도를 외면하지 않으시는 하나님께서, 이 땅에도 회복의 역사를 이루실 것을 확신합니다.

아이가 태어나면서 선교 파송 시기가 다소 늦춰지겠지만, 이 시간이 막연히 기다리는 시간이 아닌, 선교사로서 더 단단히 준비되고 폴란드와 우크라이나와 러시아를 향한 하나님의 마음을 깊이 알아가는 축복의 시간이 되기를 소망합니다.

하나님의 온기

폴란드&우크라이나 선교사 김보연

차갑고 어두웠던 나의 모습

매서운 겨울, 영하 30도를 웃도는 동유럽의 작은 나라 라트비아에서의 하루가 시작되었다. 남편을 따라온 이곳에서의 일상은 때로는 호기심으로 가득 차기도 했지만, 남편을 기다리며 따분하고 무료한 시간으로 채워지기도 했다. 한국에서 우리는 평신도 선교사로 사역했지만, 라트비아에서는 한국에서 온 훌륭한 선교사로 불렸다. 하루도 멈추지 않고 무엇인가를 해야만 한다는 의무감 속에서 살아갔다. 하지만 남편과 달리 나는 무엇을 해야 할지, 내 위치가 어디인지 찾지 못한 채 집 주변을 산책하며 하루를 보냈다.

길을 지날 때면 차가운 라트비아 사람들은 낯선 이방인인 나를 경계하곤 했다. 그럴 때마다 마음속으로 이렇게 하나님께 속삭이곤 했다. "하나님, 제가 아이가 있었다면 저들에게 조금 더 쉽게 다가갈 수 있었을 텐데요." 한국에서 어린이집 교사와 교회학교 교사로 오랜 시간을 보낸 나는 자연스럽게 아이들에게 눈길이 갔지만, 낯선 땅에서는 아이들에게조차 다가가기 어려운 두려움이 있었다.

하나님, 저는 여기서 무엇을 할 수 있을까요?"라는 질문을 수도 없이 던지며 혼자만의 시간이 늘어났다. 경건의 시간은 점점 줄어들고, 외로움에 짓눌려 우울함과 씨름했다. 비 오는 날에는 빗물을 보며 눈물을 흘렸고, 무지개를 볼 때면 "오늘은 좀 더 나은 하루를 주실까요?"라는 마음으로 가슴이 저려왔다. 그럴 때마다 한국의 친구들과 동료들, 사랑하는 교회 식구들이 그리워졌고, 고향으로 돌아가고 싶다는 간절한 마음이 밀려왔다. 한국에서 오는 연락만 애타게 기다리며 '혹시 내가 잊혀지진 않을까?' 하는 두려움에 사로잡히기도 했다.

선교사의 삶에 대한 호기심과 환상은 점차 희미해졌고, 결국 계속해서 물질적 지원을 요구하던 현지 교회를 뒤로하고 한국으로 돌아왔다.

하나님의 따스함으로

한국에 돌아와 보고 싶었던 가족들과 교회 식구들을 만나며 외로움을 채웠다. 직장에 복귀해 평범한 20대 직장인으로 살아가면서, 다시는 선교지로 돌아가지 않겠다고 결심했다. 대신 평범한 집사로 가정을 꾸리고, 선교사와 목회자를 돕는 그리스도인의 삶을 살겠다고 다짐했다.

돌아온 지 7년 째에, 남편은 목회의 길을 걷기로 결심하고 신학 대학원에 입학했다. 직장에서 승진하는 나의 모습에 만족하며, 내가 번 돈으로 남을 후원하는 기쁨이 마음에 가득 찼다.

하지만 시간이 흐를수록 주변 사람들의 질문이 나를 흔들었다. "사모님, 선교는 언제쯤 다시 가세요?" "선교지로 돌아가고 싶으시죠?" 그 질문들은 마치 나를 세게 흔들며 깨우는 듯했다. 그제야 깨달았다. '지난 7년간의 몸부림은 하나님의 부르심에 응답하지 못한 것이었구나. 하나님은 여전히 나를 선교사로 부르시고 기다리고 계셨구나.' 이 생각에 눈물이 멈추지 않았다.

하지만 여전히 하나님께 매달렸다. "하나님, 제발 저를 한국에 있게 해주세요. 사랑하는 사람들과 헤어지는 건 너무 힘듭니다." 그렇게 하나님의 마음을 돌이켜 보려 했지만, 가족들과 동역자들은 계속해서 나를 격려하며 선교를 준비하게 했다.

하나님은 정말 따뜻하고 인격적인 분이셨다. 사랑하는 동역자들을 통해 차갑게 얼어붙었던 내 마음을 친친히 녹여가셨다. 가정예배를 통해 하나님의 부르심을 조금씩 인정하게 되었고, 남편에게 순종하는 마음으로 선교훈련을 받기로 결단했다. 승진을 앞둔 시점에서 훈련을 위해 직장을 내려놓는 아쉬움과 두려움이 컸지만, 하나님께 모든 것을 맡기기로 했다. 결심한 그날 새벽, 나의 마음을 다 포기하고 '하나님께서 오라면 따라가 보겠다'고 기도를 드리며 펑펑 울었다. 이상하게 그날 이후로 마음이 평안해졌다.

더 큰 선물을 주시기 위해

선교훈련을 시작할 때만 해도 빨리 끝내고 일상으로 돌아가고 싶다는 생각뿐이었다. 그러나 시간이 흐를수록 훈련원은 하나님께서 내 두려움을 선하게 변화시키는 곳이 되었다. 혼자 가는 선교가 아니라, 함께하시는 하나님과 동역자들, 그리고 남편과 함께하는 사역임을 깨달았다.

"하나님 이렇게 작은 자, 아무것도 모르는 저라도 사용하시겠다면 마음껏 사용해 주세요! 하나님 부르신 곳 어디든 따라가겠습니다." 이 고백과 함께 훈련을 마쳤다. 하나님께서는 실패했던 과거조차도 하나님의 뜻 안에서 사용하실 것이라는 믿음이 생겼다.

그리고 하나님은 훈련 중에 가장 놀라운 선물을 주셨다. 바로 내 뱃속에 생명을 허락하신 것이다. 과거 유산의 아픔이 있었지만, 하나님께서 예비하신 아이가 나에게 왔다는 사실에 깊이 감사했다. 선교훈련의 여정 속 가장 평안한 엄마의 뱃속에서 아이도 함께 훈련받게 하셨다.

이제는 선교지로 가서 아이를 업고 복음을 전하며, 하나님의 은혜를 나누는 사역을 감당하고자 한다. 매서운 겨울의 한파 속에서 외로움을 경험했던 그 시간을 발판 삼아, 열정과 사랑으로 가득한 선교사가 되기를 소망한다.

"하나님, 부르신 곳이라면 어디든 달려가겠습니다." 이것이 내 삶의 고백이 되기를, 후회 없는 부르심을 향해 뒤돌아보지 않고 달려가는 선교사이자 엄마가 되기를 다시 한 번 결단한다.

말씀에 붙들린 삶,
보배를 담은 질그릇의 비전

서남아시아 P국 선교사 김병관

먼저 그의 나라와 그의 의를 구하기까지

저는 MK(Military Kids)입니다. 군의관으로 오랜 시간 복무하신 아버지를 따라, 어린 시절 국내 여러 지역을 전전하며 살았습니다. 모태신앙은 아니지만, 어머니께서 강원도 현리의 군목에게 성경을 배우시면서 자연스럽게 성경 읽는 법을 제게 가르쳐 주셨습니다. 초등학교 때 옥편 찾는 법을 익힌 후, 저는 국한문 성경의 한자를 찾아가며 읽을 만큼 성경 읽기를 즐겼습니다.

스무 살 대학 시절, 성경을 읽으며 여전히 삶의 목적에 대해 고민이 많았습니다. "주님, 왜 저를 만드셨습니까? 저는 무엇을 위해 살아야 합니까?" 끊임없이 묻고 또 물었습니다. 그러나 답은 쉽게 오지 않았고, 마음의 혼란은 깊어졌습니다. 결국 세 번의 학사경고 끝에 학교를 그만두고 군에 입대했습니다. 강원도 양구 21사단 훈련소에서, 주님께서는 마침내 말씀을 통해 저를 만나 주셨습니다. 입대 후 담배를 끊고, 짧은 휴식 시간마다 군복 주머니에 넣어 둔 기드온 협회의 신약성경을 꺼내 읽었습니다. 그러던 어느 날, 마태복음 6장을 읽다가 33절 말씀에서 삶의 질문에 대한 답을 찾게 되었습니다. **"너희는 먼저 그의 나라와 그의 의를 구하라 그리하면 이 모든 것을 너희에게 더하시리라."**

DMZ 철책부대로 배치된 첫날, 선임들이 노래를 권하자 저는 "당신은 사랑받기 위해 태어난 사람"을 불렀습니다. 또 개인 관물대에 좌우명을 적으라고 했을 때, 망설임 없이 마태복음 6장 33절을 써 붙였습니다. 그때부터 주님께서 군 생활을 책임져 주셨고, 그 말씀이 지금까지 제 인생의 나침반이 되었습니다.

호기로운 선교사의 시작

스물아홉 살, GBT 성경번역 선교회를 만났고, 이듬해 헌신자 캠프에서 아름답고 어진 아내를 만나 결혼했습니다. 우리는 만난 지 석 달 만에 가정을 이루었고, 주님의 은혜로 귀한 아들과 딸을 선물로 받았습니다. 신앙과 사명 외에는 모든 것이 달랐던 우리 부부는, 하나님의 손길로 지금까지 17년간 동행하고 있고 앞으로도 그분의 도우심을 의지합니다.

2014년부터 2018년까지 GBT와 포항 곡강교회 1호 파송 선교사로 P국 K도시에서 첫 사역을 시작했습니다. 처음 2년은 공용어를 배우고, 이후 2년은 이 나라의 약 70개 언어 중 성경 번역이 필요한 언어와 종족을 조사했습니다. 그 과정에서 마음을 사로잡은 민족은 주로 북부 산악 지역에 거주하는 소수 종파 '이스마일리' 사람들이었습니다. 이들은 지리적, 종교적 장벽으로 복음에 접근하기 어려운 상황 속에서 약 30만 명이 넘는 인구가 살아가고 있었습니다.

현지 상황의 제약으로 직접 출입은 불가능했지만, K도시로 나와 공부하고 일하는 사람들을 찾아가며 관계를 맺고 언어와 문화를 배우기 시작했습니다. 이 사역은 위험하고 어려웠고, 힘든 반면 가시적인 성과는 많지 않았습니다. 스트레스는 제 건강과 특히 아내의 건강을 크게 해쳤고, 초임 선교사로서의 부족함도 절실히 깨달았습니다. 2018년 1월, 힘겨운 4년의 사역을 마치고 안식년을 위해 귀국하던 날, 현지 단체로부터 더 이상 돌아올 필요가 없다는 통보를 받았습니다. 짐을 정리하며 한국으로 돌아오는 비행기 안에서, 무사히 살아 돌아온 것에 감사했지만 실패했다는 좌절감이 저를 짓눌렀습니다.

다시 일으키시고 나아가게 하심

그로부터 6년, 주님은 저를 회복시키시며 새롭게 무장시켜 주셨습니다. 실패와 좌절은 부족한 저에게 피할 수 없는 성장의 과정이었음을 뒤늦게 깨달았습니다. 감정적 실패감은 사역의 열매와 하나님의 신실하심을 통해 점차 자신감으로 바뀌었고, 결함 많던 인격과 말은 관계 훈련을 통해 지금도 다듬어지고 있습니다.

무엇보다도 감사한 것은, 더 견고해진 신학적 바탕 위에서 교회 중심의 선교라는 분명한 방향성을 찾게 된 것입니다. 하나님께서는 장로회신학대학교 대학원에서 목회학(M.Div.)과 구약학(Th.M.) 과정을 통해 성경, 신학, 목회, 그리고 선교를 하나로 통합할 수 있게 하셨습니다. GBT 본부 교회동역팀에서 일하며 전국의 다양한 교단, 교파의 신학교와 지역교회를 방문해 성경번역 선교에 동참할 사람들을 만나는 일도 맡게 되었습니다. 포항에서 교회사역을 이어가던 중, 올해 4월 목사 안수를 받았고, 총회 선교훈련을 통해 지난 모든 삶과 사역을 종합하는 기회까지 주셨습니다.

총회 선교훈련 기간 중, 저는 지난 실패를 돌아보고, 오늘의 준비와 미래의 사역에 초점을 맞추는 핵심 키워드인 '목회적 선교, 선교적 목회'를 발견했습니다. 돌이켜보면, 제 지난 선교는 충분히 목회적이지 못했습니다. 사람을 돌보고 세우는 일, 교회를 설립하고 양육하는 일에 중점을 두지 못했던 것입니다. 언어와 문화 습득, 사회언어학적 조사와 연구, 성경 번역의 전문성을 활용하면서도, 이러한 사역을 '현지교회'라는 핵심 주체와 함께하지 못했습니다. 선교사의 책무와 선교 기관의 역할만을 우선시하며, 이미 그 땅에 존재하는 교회와 성도들의 주도성을 인정하지 않았을 뿐 아니라, 그 중요성을 깊이 인식하지도 못했습니다. 이는 '선교사 중심의 선교'라는 기존 패러다임을 고수했기 때문입니다.

그러나 이제 저는 '교회 중심의 선교, 사람을 세우는 선교'라는 신학이야말로 PCK(대한예수교장로회 총회)가 가진 가장 큰 장점이자, 제가 앞으로 나아가야 할 방향이라는 확신을 갖게 되었습니다.

보배를 담은 질그릇의 비전

선교훈련 기간 동안의 새벽 말씀 묵상과 저녁 경건회는 매일 배운 것들을 하나님 말씀 안에서 재정리하고, 삶의 중심에 예수 그리스도를 더 깊이 두는 시간이었습니다. 대전제일교회 김철민 목사님의 설교 중, 고린도후서 4장 7절 말씀은 저의 사명을 선명하게 비춰 주었습니다.

"우리가 이 보배(보물, 보화)를 질그릇에 가졌으니 이는 심히 큰 능력은 하나님께 있고 우리에게 있지 아니함을 알게 하려 함이라."(고린도후서 4장 7절)

저의 삶과 사역은 질그릇처럼 연약하지만, 그 안에 담긴 보배인 예수 그리스도를 통해 모든 것이 이루어진다는 사실을 고백하게 되었습니다. 이것은 저를 향한 비전이자, P국 교회를 향한 비전입니다.

P국은 여전히 복음이 미치지 못한 언어와 종족이 많고, 선교사로서의 활동도 제한적입니다. 고난 속에서도 신앙을 지키며 살아가는 현지 교회와 성도들은 질그릇 같습니다, 그들의 유일한 소망은 그들 안에 담긴 보화, 가장 아름답고 가장 큰 권세를 가지신 예수 그리스도일 수밖에 없습니다. 오직 그 분께만 해답이 있습니다!

이제 제 비전은 이들 현지 교회를 돕고, 교회 지도자를 양성하며, 그들이 주체적으로 선교를 이루는 기반을 마련하는 것입니다. P국의 신학교에서 배우고 가르치며, 성경과 신학, 선교의 열정을 나누고자 합니다. 한국 교회의 영성과 역사를 목회적으로 공유하고, 현지 교회에서 그들의 신학과 역사를 배우며 협력할 것입니다.

저는 평생 보잘것없는 질그릇임을 인식하며, 오직 그 안에 계신 예수 그리스도만을 드러내는 삶을 살기를 소망합니다. 이 모든 것이 주님께 영광이 되길 바랍니다.

Soli Deo Gloria! 주님께만 영광을!

날로 새로워질
역사를 기대하며

서남아시아 P국 선교사 온현정

인생을 드린다는 것

한 사람의 삶을 이끌어 오시는 하나님의 역사에는 시간과 공간의 정확한 조우가 있다. 나는 그저 '그때'라고 표현할 뿐인 그 상황을 전적으로 이끌어 오신 하나님의 계획과 섭리, 이것을 믿기에 상황에 인내하며, 조용히 주님의 뜻을 구하는 것이 나의 습관이 되었다.

예전부터 지금까지 나는 하나님의 소유라는 절대의 명제 가운데 살고 있다. 그렇다면 하나님께 인생을 바치는 게 당연하지 않을까? 이게 왜 비장하고 눈물겨운 일, 위대하다 칭찬받는 일, 소수만의 특수한 일로 여겨지는지 실로 의아할 따름이다. 내 아이들에게도 예수를 따르는 삶은 당연하다 가르친다. 예수 그리스도로 말미암아 충만한 복을 누리고, 하늘의 보화를 소유한 자의 당당함으로 세상을 품고 살아가도록 배워왔기 때문이다. 배운 것과 실천이 일치하도록 더욱 힘쓰는 삶이 선교적이라 할 수 있다면, 그 또한 선교적이라 할 수 있을 것이다.

아픔 그리고 고통의 시작

어그러진 세상 속에서 주님께 속하기 위해 겪는 필수 과정이 아픔과 고통이다. 무척 슬프고 삶을 통째로 흔들어 나를 완전히 갈아엎는, 고도의 정교하고도 치밀한 터널이다. 모태신앙인 나는 6살에 갑자기 당한 교통사고로 몸의 일부를 잃었다. 이 고통은 만성화되어 지금도 나와 함께한다. 부당하게도 타인에 의해 내 몸의 일부를 잃는 것이 곧 자아의 훼손이자 부정(不淨)을 의미한다고 배워야 했다. 이 과정에서 주변 환경과 싸우며 불만을 품기도 했고, 한편으로는 부당한 그들의 말에 내심 동조하는 자신이 초라하고 부끄럽게 느껴졌다. 다른 이들에게는 부족해 보일지라도 매 순간 최선을 다한 나의 노력과 정성은 인정받지 못했으며, 늘 불충분하고 부적합하다는 평가를 받았다. 결국, 시시포스가 돌을 굴리듯 불가능한 완성을 향해 끊임없이 고치고 다시 시도해야만 했다.

나는 어디에서도 온전한 존재적 가치를 인정받지 못했다. 마음 둘 곳이 없었고, 소속감조차 혼자만의 외사랑에 불과했다. 가족 안에서도 나는 떠도는 존재였다. 누구와도 편히 대화할 수 없었기에 오직 기도 속 예수님과 글로 그린 세상이 유일한 안식처였다. 세상의 부조리를 너무 이르게 깨달았다. 사랑이 결핍된 세상, 외적인 기준으로 가치를 판단하고, 보통의 무리와 조금이라도 다르면 가차 없이 배제하는 부당하고 냉혹한 다수의 횡포. 이런 세상이 참으로 싫었다. 그러나 동시에 이 세상에서 지독히 외로웠다. 어린 시절부터 세상에 마음을 둘 수 없었던 나는 너무 일찍부터 하나님의 훈련을 받았다. 죽음이 유혹처럼 느껴졌던 사춘기 시절, 절박하게 도와달라 외쳤던 예수님의 이름, 그 이름 덕분에 지금도 살아 있다. 내가 남다르고 특별한 환경에서 자라온 이유는 오직 하나님의 섭리라는 것 외에는 설명할 길이 없다.

외로움을 내 것으로 삼이다

외로움은 나의 오랜 벗이다. 가정에서든, 학교에서든, 직장에서든, 선교지에서든 나는 언제나 외로움을 느꼈다. 다수의 횡포를 겪어서일지도 모르지만, 주류 문화와 나는 근본적으로 맞지 않았다. 지독한 외로움이 병처럼 나를 삼켜도, 내 시선은 언제나 비주류 중의 비주류, 사람들이 보지 않는 곳을 향했다. 그래서 선교지조차 그렇게 선택했다. 부모님은 내가 일부러 고생길을 택한다고 못마땅해 하셨지만, 부모 이전에 하나님께서 나를 그렇게 지으셨기에 어쩔수 없다. 외로움의 고통을 알기에, 고통받는 자들에게 자연스럽게 시선이 머문다는 것을 나도 안다. 내가 아프더라도 결국 보고 떠안게 됨을 알고 있다.

때로는 이런 시선을 주신 하나님을 원망했다. 왜 나의 시선을 이렇게 만들어 고생을 떠안게 하시는지... 외로움을 내 삶의 일부로 받아들이는 과정은 참으로 많은 고통을 수반했다. 그러나 그 과정을 통해 얻은 것도 크다. 하나는 세상에 마음을 두는 헛된 집착을 일찍 내려놓을 수 있었다는 것, 또 하나는 외로움 속에서 독서와 음악을 통해 나 자신을 더욱 깊고 특별하게 단련할 수 있었다는 것이다. 무엇보다 가장 큰 은혜는 하나님의 진리를 더 입체적이고 깊이 이해할 수 있는 시선을 얻었다는 점이다.

심령이 가난한 자에게 주어지는 복은 천국을 소유하는 것이다. 이 땅에서 천국이 어떠한지 체험하며 볼 수 있는 복을 사모한다면, 외로움은 필수불가결한 조건일 수밖에 없다. 천국을 알기에 나는 외로움을 사모한다. 이제는 그 외로움의 미학을 내 자녀들과 주위 사람들에게 가르치며 살아가고 있다.

애통하는 자의 상급

외로운 자로서의 고통이 어느 순간 하나님 나라를 위한 애통으로 변하기 시작했다. 외로운 세상의 구석구석에 예수님의 생명이 흐르지 못한다는 사실에 깊은 슬픔이 밀려왔다. 더구나 그 생명의 흐름이 막힌 곳이 다름 아닌 내 마음임을 절감할 때마다 가슴이 찢어지는 아픔에 엎드려 울며 기도할 수밖에 없었다. '주님, 제발 나를 살리시고, 주님의 생명이 내 안에서 흘러넘쳐 내가 가는 곳마다 생명이 전해지게 해주십시오'라는 간절한 기도로 하나님께 나아갔다.

그러던 어느 순간, 애통하던 내 마음을 찾아오신 예수님의 위로는 나를 다시 소망 가운데 일으켜 세우셨다. 그 위로는 생명의 말씀을 더욱 깊이 깨닫는 은혜로 이어졌고, 내 삶 속에서 성령의 열매가 무엇인지 성찰하며, 나의 강함과 연약함을 끊임없이 돌아보게 하셨다. 그렇게 성찰하고 깨닫는 은혜는 내 영혼을 살리는 힘이 되었다.

주님은 나의 부끄러운 과거와 지독했던 고통의 순간들을 하나님께 속한 자라는 자부심으로 변화시켜 주셨고, 세상을 바라보는 내 시선 또한 새롭게 해주셨다. 모든 과정이 은혜였음을 고백하며, 내 삶의 이야기를 통해 하나님의 생명이 흐르는 도구로 사용되기를 바란다.

사랑하는 교회와 함께

어린 시절부터 함께해 온 교회는 유일하게 나를 따스하게 받아준 곳이었다. 내가 교회 일에 능숙하고, 교회와 잘 어울렸기에 가능했을지 모르지만, 상처 입은 정서를 가진 나에게 이 사실은 그야말로 기적과 같았다. 이는 곧 오직 나를 온전히 받아주시는 분이 예수님뿐임을 깨닫는 과정이었다. 예수님의 사랑이 머무는, 그분의 몸 된 교회는 나에게도 사랑 그 자체였다. 교회 안에 있을 때 가장 편안했고, 힘을 얻었다. 예배의 은혜는 힘든 한 주를 버틸 수 있는 원동력이 되었다.

'내 안에 예수님이 계시다. 나는 하나님의 사람이다.' 이 확신은 내가 교회를 위해 살며, 교회의 화평을 이루는 도구로 쓰여야 한다는 사명을 깨닫게 해주었다. 나의 모교회였던 익산 신광교회의 중국인 교회에서 배운 교제의 기쁨과 선교 사역은 나의 선교 여정에 첫걸음이 되어주었다. 청년 시절을 보낸 서울중앙교회는 예수님의 몸 된 교회를 사랑하는 법과 그 열정을 몸으로 익히게 한 아름다운 기억으로 가득하다. 또한, 남편의 학창 시절부터 함께해 온 작은 시골교회인 곡강교회에서는 선교의 시작과 더불어 사역자로서의 훈련을 경험했다. 모두 사랑과 은혜의 빚을 진 교회들이다.

뿐만 아니라, 부족하고 연약한 질그릇 같은 나를 주님의 가치를 담는 도구로 인정하며 함께 동역해주시는 협력 교회와 성도들의 사랑과 지원은 나로 하여금 하늘의 가치를 더욱 깊이 품게 했다. 이 사랑은 한국 교회를 위해 더 헌신해야 한다는 사명을 내게 가르쳤다.

P국 처음 이야기

미지의 땅으로의 첫 도전은 처참히 무너졌다. 고생과 실패, 낙담, 그리고 죽음의 어둠에 짓눌려 있었다. 어린 시절 겪은 고통과는 또 다른, 목숨을 옥죄는 듯한 답답함 속에서 늘 죽음을 곁에 두고 사는 기분이었다. 어린 두 아이를 양육하는 엄마로서, 그리고 미숙한 초년 선교사로서 겪을 수 있는 모든 실패를 경험하며, 나의 자존감은 벼랑 끝에서 흔들렸고 결국 한국으로 돌아와야 했다.

그런데 이상하게도, 몸과 마음에 병을 얻어 떠나온 P국이 내 마음속에서 떠나지 않았다. 특히 그곳의 교회가 계속 생각났다. 매주 힘들게 찾아가 함께 예배드렸던 현지 교회, 그곳에서 드린 찬양과 예배, 성도들과의 교제가 미완성의 숙제처럼 남아 있었다. 나는 그때 처음 그곳으로 갈 때 주셨던 말씀, **"너희의 하나님이 이르시되 너희는 위로하라 내 백성을 위로하라"**(사 40:1)를 다시 떠올렸다. 이 말씀은 시간이 지나면서 더욱 깊게 내게 새겨졌다.

처음엔 나의 정체성에 대한 고민으로 시작했지만, 이제는 내가 교회의 한 모퉁이돌로 온전히 서야 하나님께서 교회를 통해 위로하신다는 확신을 얻게 되었다. 나는 여전히 교회를 위해, 교회 안에서 회복되어야 할 사람이었다. 교회를 더 잘 섬기기 위해 깨달음을 주셨고 또한 공부할 기회도 허락하셨다. 미숙했던 나를 직면하고, 그 고통을 피하지 않았기에 이 시간이 꿀처럼 달게 느껴졌다.

공부를 하면서는 현지 교회의 찬양에 대한 새로운 도전도 생겼다. 그들의 예배가 더욱 온전하고 풍성해지기를 소망하며, 찬송가 작업의 방향을 상상하고 그려보았다.

그리고 내 안에 간절한 소원이 자리 잡았다. '단 한 곡이라도, 한 권이라도 찬송가 작업을 할 수 있다면 나를 보내주소서!'라는 기도다. 나는 다시금 그 땅을, 그 교회를 향한 부르심을 느끼며, 하나님께서 그 부르심을 이루실 것을 믿는다.

남은 과업에 대한 도전

수많은 훈련을 받아왔지만, 이렇게 마음 편히 선교훈련을 받은 적은 처음이었다. 교단의 선교 정체성과 훈련 내용, 그리고 함께한 동기들 모두가 조화를 이루어 선을 이룬 약 5주의 여정은 즐겁고 행복한 시간이었다. 이 훈련은 나의 정체성을 새롭게 돌아보고, 앞으로의 사역과 선교사로서의 삶을 구체적으로 그려보는 데 큰 도전을 주었다.

어리둥절할 정도로 이전에 들어본 적 없는 격려를 받은 시간들이었다. 특히, 10대 시절 치열하게 써 내려갔던 글에 대한 회귀와 함께, 삶과 선교 현장을 성찰하며 글로 기록하라는 권면은 내 마음을 벅차오르게 했다. 마치 오랜 친구를 다시 만난 듯한 뭉클함에 눈물이 나기도 했다. 모든 것을 버리지 않고 사용하시는 하나님의 섭리는 내

인생의 모든 부분을 품으시며, 나의 성품을 세심히 다듬
으시는 계획 속에 이미 존재하고 있었다.

　이번 훈련을 통해 깨달은 것은 선교 신학을 기반으로
선교 현장을 이해하고, 삶의 후반부에 누군가에게 유익이
될 정보를 기록하며, 내면의 치열한 고민의 흔적을 성찰
하는 일이 교단과 선교 현장에 전해야 할 나의 과업이라
는 점이었다. 이 모든 것을 가르쳐 주신 훈련 과정에 깊
은 감사를 드린다. 내 안에 있는 보배가 하나님의 빛으로
더욱 아름답게 빛나기를 소망하며, 나를 계속 다듬어 가
겠다. 총회 선교훈련 훈련생으로서 맡겨진 자리를 묵묵
히, 그리고 당당히 감당하며 하나님께 영광 돌리고 싶다.
이 모든 소망을 주님께 올려드린다.

앞서 준비하시는
하나님께 이끌리는 삶

브라질 선교사 김지훈

브라질 이민: 열 살에 시작된 새로운 여정

1983년, 열 살의 어린 나이에 지구 반대편 브라질로 이민을 떠났다. 생소한 포르투갈어를 사용하는 나라였고, 부모님이 결정하신 일이기에 깊은 고민 없이 따랐다. 지구 반대편이라는 사실은 알았지만, 비행기로 36시간이나 걸리는 여정은 상상조차 못 했다. 어린 마음에는 긴 비행조차 그저 신나는 모험이었다.

브라질에 도착한 초반에는 모든 것이 신선했다. 당시의 쌍파울루는 한국보다도 더 발전된 도시처럼 보였고, 풍성한 음식이 있고, 한국에서 TV로만 보았던 바나나를 통째로 집에다 걸어 놓고 나무에서 따서 먹듯 먹을 수 있는 나라, 난 이곳이 "천국"같다고 생각했다. 그러나 학교에 다니기 시작하며 언어와 문화의 장벽이 얼마나 높은지를 알게 되었다.

브라질의 공용어는 포르투갈어, 한인 사회에서는 이를 줄여 '포어'라 부른다. 당시에는 영어와 달리 한국인이 포르투갈어를 배울 수 있는 자료가 전무했다. 그러나 활동적이고 외향적인 성격 덕분에, 나는 "아이들은 놀면서 언어를 배운다"는 말을 증명이라도 하듯 친구들과 어울리며 자연스럽게 언어를 익혀갔다.

하지만 언어만큼이나 높았던 문화의 벽이 있었다. 부모님은 브라질에서 의류 가게를 운영하셨는데, 현지 사람들의 느긋하고 낙천적인 태도는 우리와는 너무 달랐다. 하루 벌어 하루를 즐기며, 내일은 걱정하지 않는 그들의 삶의 방식은 때로 답답했다. 지금은 많이 변해가고 있지만 퇴근시간 30분 전부터 옷을 갈아입고 퇴근시간만 기다리고, 돈이 없다고 하지만 휴일에는 꼭 쉬며 놀러가고, 급한 것도 없고, 도둑질을 해도 '너는 가진 것이 더 많으면서 내가 그것을 조금 가져가는 것이 문제냐'며 오히려 따지는 사람도 많았다. 어린 나에게는 그조차 삶의 한 모습으로 받아들여졌다. 그래도 교회가 나를 바른 길로 인도해 준 귀한 역할을 했다.

교회: 어린 나에게 시작된 믿음의 길

나의 어린 시절, 교회는 삶의 일부였다. 친할머니는 남녀호랑개교라는 종교에 심취해 계셨고, 집에서도 자주 잔치를 여셨다. 그래서 우리 가족이 교회를 나가는 것은 거의 불가능했다. 그러나 아버지는 브라질에 먼저 가셔서 유일하게 도움을 받을 수 있는 한인 교회를 다니며 집사 직분을 받으셨고, 그것을 아신 할머니께서는 "네 아버지는 죽었다! 이젠 여기서 할머니하고 살아야 한다!"고 하셨다.

그럼에도 나는 7살 때부터 몰래 교회를 다녔다. 사탕과 과자를 받기 위해 시작한 교회 생활이었지만, 브라질에 와서는 부모님과 함께 교회를 다닐 수 있었다. 청소년기 교회는 나에게 즐거운 곳이었고, 교회에서 시간을 보내는 것이 나에게는 너무나 자연스러웠다. 마치 내 집에 있는 것처럼 익숙하고 편안했다. 교회에서 말씀을 배우고 기도와 회개의 눈물을 경험하며 하나님은 나의 삶을 온전히 이끄시는 분임을 점차 깨달아갔다. 교회는 나의 일부였다.

미국 유학생활: 믿음의 또 다른 여정

19살, 나는 브라질을 떠나 미국으로 유학을 떠났다. 준비도, 계획도 없는 상태에서 영어도 못 하던 내가 홀로 시작한 유학생활이었다. 지금 돌이켜보면 겁이 없던 것이 아니라, 아무 생각이 없었던 것 같다. 혼자 집을 구하고 살림을 마련했으며, 면허증과 사회보장번호를 만들고, 다른 유학생들이 정착할 수 있도록 도우며 바쁘게 살았다. 난 아무 생각이 없었지만, 하나님은 계획이 다 있으셨던 것 같다. 이곳에서 내 삶의 동반자인 아내를 만나 23살이라는 어린 나이에 결혼했으니 말이다.

결혼 후, 부모님의 경제적 지원이 어려워지면서 나는 여러 직업을 전전하며 하루 18시간씩 일했다. 빵집, 주유소, 시장, 호텔 등 다양한 경험을 했지만, 주일 아침만큼은 하나님께 예배드리는 시간을 지킬 수 있었다.

삶을 돌이키는 하나님의 사인

28살, 다시 브라질로 돌아와 교회 청년부를 섬기며 신앙생활의 기쁨을 맛보았다. 여섯 명으로 시작한 청년부가 1년 만에 45명으로 성장했고, 봉사와 교제를 통해 하나님의 은혜를 경험했다. 하지만 나는 하나님과 세상을 동시에 섬기며 이중적인 삶을 살고 있었다. 그러던 어느 날 하나님께서 '이제 그만'이라고 하시는 신호같은 일이 일어났다.

1,000cc 오토바이 사고로 생명을 위협받는 일이 일어났다. 그 순간, 내 삶의 모든 장면이 주마등처럼 스쳐갔다. 하나님 앞에서 "잘못했습니다!"라는 고백 외에는 아무 말도 할 수 없었다. 8시간 반 만에 깨어나면서 하나님께서 내게 주신 새로운 기회라는 것을 깨달았다. 하나님께서는 내가 표면상으로는 그리스도인으로 보이지만, 중심은 그렇지 못하다는 것을 알고 계셨다. 나는 사람에게 감추듯 하나님께도 감출 수 있다고 생각하고 살았나보다. 그때부터 귀에 이명이 생겼고, 이명 소리가 커질 때마다 이 사고 생각을 하며 회개하는 습관이 생겼다. 이명도 이 사고를 기억하라고 하나님께서 주신 것은 아닐까 싶다.

이 사건 이후, 나는 신학 공부를 시작하며 세상과 거리를 두고자 노력했다. 하지만 중장비 회사 지사장으로 일하며 바쁜 일상 속에 하나님과의 관계는 점차 멀어졌고 신학 공부도 멈추게 되었다. 그런 나를 포기하지 않으신 하나님은 아내를 목사로 세우시고, 선교사로 파송받게 하시면서 나를 선교의 길로 이끄셨다.

늦지 않은 시작: 50세에 선교사로 나아가다

올해 쉰 살, 선교사로 새롭게 시작하는 나를 두고 늦었다는 말을 듣기도 한다. 그러나 나는 40년 전 브라질로 이민 오던 순간부터 하나님께서 나를 선교사로 준비시키셨다고 믿는다. 언어, 문화, 삶의 방식 등 하나님은 모든 것을 미리 예비하셨다. 이제는 열심히 나아가는 일만 남았다.

이번 총회 선교사 훈련에서는 사역의 지혜와 열정을 배웠으며, 동기들과의 끈끈한 교제는 앞으로의 사역에 큰 힘이 될 것이다. 나는 주도하고 이끄는 것을 좋아하지만, 이제는 하나님의 보폭에 맞추며 순종의 길을 걷고 싶다. 하나님께서 내게 주신 마지막 기회라고 생각하며, 남은 생애를 선교사의 삶으로 온전히 살아가기를 다짐한다.

하나님의 시간(Kairos) 앞에
순종을 배우며

브라질 선교사 김경완

나의 시간

예수님을 만나기 전까지 제가 가장 부러워했던 사람은 피아노를 잘 치는 사람이었습니다. 그러나 예수님을 믿고 나서는 세상에서 가장 부러운 사람이 모태 신앙인이 되었습니다. 그래서 큰딸이 유아세례를 받던 날, 감격의 눈물을 흘렸습니다. 하지만 어머니로서의 막중한 책임을 온전히 깨닫지는 못했던 것 같습니다.

저는 불신자 가정에서 4남매 중 막내로 태어났습니다. 아버지는 유교적 교육을 받으셨고, 어머니는 불교와 샤머니즘이 혼합된 종교를 믿으셨습니다. 집에서 굿이 행해지는 모습을 자연스럽게 보았고, 그림을 잘 그린다는 이유로 부적을 그리기도 했습니다. 부적을 그리면 장당 100

원을 받았기에 어린 마음에 열심히 그렸습니다.

초등학교 5학년 때, 죽음에 대한 공포가 밀려와 잠을 이루지 못했습니다. 그 두려움으로 얼굴이 수척해질 무렵, 교회에 다니는 반 친구가 말했습니다. "예수님을 믿어봐. 그러면 두렵지 않아!" 그 말을 듣고 처음으로 교회를 찾으면서 제 신앙의 여정이 시작되었습니다.

불신자 가정에서 자랐지만, 성실과 정직을 삶의 우선으로 여기던 부모님의 영향을 받아 신앙생활도 그렇게 성실하게 해왔습니다. 그러나 복음서를 읽을 때마다 마음속에 끊임없는 질문이 일었습니다. "정말 예수님이 구세주일까? 혹시 선지자 중 한 사람에 불과한 건 아닐까? 가톨릭은 성경이 73권이라고 하는데 개신교는 66권이라고 그래. 이게 또 변하지 않는다는 보장이 어딨어? 어쩌면 나도 속고 있는지 몰라." 이런 의심이 저를 괴롭혔습니다. 그래서 늘 "나는 도마 같은 사람이다"라고 말하곤 했습니다. 의심 많던 도마처럼, 나도 눈에 보이는 확실한 증거 없이는 믿을 수 없다고 말이죠.

이런 의심 많은 저를 주님은 오래도록 지켜보고 계셨던 것 같습니다. 2004년 한국을 방문했을 때, 사촌언니의 강력한 권유로 내적 치유 수련회에 참석했습니다. 수련회는 12명 미만의 소규모로, 말씀을 묵상하며 내면의 상처를 치유하는 과정이었습니다. 그곳에서 저는 머리로만 알던 예수님이 아닌, 인격적인 예수님을 만나는 경험을 했습니다.

수련회 동안 주님은 환상처럼 제게 나타나셨습니다. "우리"가 아닌 "나"를 위해 십자가를 지신 예수님을 보게 해주셨고, 예수님을 십자가에 못 박고 돌을 던지는 자리에는 나 또한 있었다는 사실을 깨닫게 하셨습니다. 그 만남 이후 제 삶은 완전히 변했습니다. 말씀은 꿀처럼 달았고, 주님을 위해 무엇이든 할 수 있을 것 같은 열정이 넘쳤습니다. 청년부 교사로서의 사역도 그 열정으로 감당할 수 있었습니다.

말씀에 대한 목마름이 해갈이 되지 않아 정보가 부족한 브라질 땅에서 부족하나마 교회에 있는 신앙서적들과 성경을 계속 읽기도 했습니다.

하나님의 부르심에 순종하는 시간

그 즈음, 주변의 목사님들과 동료 교사들로부터 신학을 공부해보라는 권유를 받았습니다. 그러나 저는 여러 핑계를 대며 사양했습니다. 몸이 약하다, 아이가 아직 어리다,

형편이 되지 않는다 등 이유는 많았습니다. 그렇게 세월이 흘렀고, 신학은 저와는 멀리 있는 듯 느껴졌습니다.

그로부터 13년이 흐른 2017년 초 어느 날, 아침 식사 자리에서 한 선교사 부부가 신학 공부를 권하며 말했습니다. "장로회신학대학교로 가서 딱 3년만 고생해 보세요." 그 말이 마음에 오래 남았고, 그때부터 기도하기 시작했습니다. "하나님, 만약 이 길이 제가 가야 할 길이라면, 남편의 마음부터 열어주세요." 이 기도는 1년 뒤에야 응답을 받았습니다. 남편의 허락과 지지 속에서 저는 신학 공부를 준비하게 되었습니다.

시험 준비 과정은 쉽지 않았습니다. 한 페이지를 읽고 나면 이전 페이지를 잊어버리는 일이 반복되었고, "하나님, 꼭 이 나이에 해야 하나요?"라며 울기도 했습니다. 그런데 요한복음 21장을 읽던 어느 날, "네가 나를 사랑하느냐?"라는 주님의 물음 앞에 통곡했습니다. 주님께서 베드로에게 세 번이나 "내 양을 먹이라" 하셨던 말씀이 제게 주어진 소명임을 깨달은 순간이었습니다

그 이후 뒤돌아보지 않고 공부에 매진했고 주님의 은혜로 단번에 시험에 합격해 신학대학원에서 3년간 기숙사 생활을 했습니다. 예기지 않는 상황으로 남편이 공부

에 필요한 경비를 보내줄 수 없게 되었지만, 학비는 장학금과 후원으로 채워졌고, 필요한 모든 것을 하나님께서 채우셨습니다. 졸업 후 목사고시에 합격하고, 노회 파송 선교사로 브라질에 돌아왔습니다.

총회 파송 선교사로 다시 부르심

제게 깊은 상처가 된 전환점은 바로 선교사 훈련이었습니다. 선교 현장에서 총회 파송의 중요성을 절실히 느꼈기에 훈련은 반드시 필요한 과정이었습니다. 그러나 2023년, 갑작스럽게 서류를 준비해 남편과 함께 한국으로 향했을 때, 예상치 못한 어려움이 우리를 기다리고 있었습니다. 구체적인 내용을 모두 언급할 수는 없지만, 일방적인 제보로 인해 면접에서 탈락했고, 나를 잘 알지 못하는 사람들 앞에서 변명의 기회조차 얻지 못한 채 깊은 수치를 겪어야 했습니다. 그 순간 브라질로 돌아갈까 하는 생각도 했지만, 돕는 손길을 통해 일부 오해를 풀고 다시 브라질로 향할 수 있었습니다.

그러나 저와 남편은 마음이 산산조각난 채로 돌아왔습니다. 마치 패잔병이 된 것 같은 마음이었고, 상처는 쉽게 아물지 않았습니다. 교단 목사와 선교사에 대한 불신은 물론, 특히 총회를 향한 적대감이 저희를 더 힘들게 했습니다. 당시의 복잡했던 심경은 말로 다 표현할 수 없을 정도였습니다. 10살 때 이민을 간 남편은 한국의 상황을 이해하지 못했기에 그의 분노는 저보나 더 깄습니다. 결국, 조용히 선교지에서 맡겨진 역할에 충실하며 마음을 다잡아야 했습니다. 그러는 사이, 저는 목사 안수를 받고, 우리의 삶도 점차 안정감을 찾아가고 있었습니다.

2024년이 시작되면서 총회 선교사 훈련을 다시 받아보라는 권유가 지속적으로 들어왔습니다. 그러나 저는 생각만으로도 버거웠습니다. 왜 다시 그곳으로 돌아가야 하나 하는 회의감이 컸습니다. 하지만 남편이 먼저 마음을 바꾸었고, 우리는 다시 어려움과 우여곡절 속에서 서류를 준비했습니다. 이번에는 많은 분들이 우리의 바람막이가 되어 주셨고, 적극적으로 도와주셨습니다. 그들의 헌신과 노력 덕분에 드디어 훈련에 참여할 수 있었습니다.

훈련 초반에는 마음이 극도로 경직되고 긴장 상태였습니다. 언제 또 어떤 일이 일어날지 모르니, 대비해야 한다는 생각뿐이었습니다. 그러나 훈련에 함께한 14가정과 교제를 나누며 서서히 긴장과 경계심은 허물어졌습니다. 매주 찾아오시는 강사님들은 선교에 대한 비전을 깊이 심어주셨고, 각 가정의 간증을 들으며 함께 울고 기도하는 시간을 가졌습니다. 이 과정에서, 저는 더 이상 아무도 믿을 수 없다고 여겼던 마음을 내려놓고, 신뢰할 만한 사람들이 있음을 깨달았습니다. 동기들이 어느새 한 가족처럼 느껴졌습니다. 작은 일에도 감동하고 서로의 사랑을 나누며, 우리는 '수도꼭지 기수'라는 별명이 붙을 정도로 마음의 문을 활짝 열어갔습니다.

하나님의 시간

4주간의 훈련을 무사히 마치고 마침내 수료하게 되었습니다. 훈련을 위해 한국으로 올 때, 저는 파송 교회가 없는 상태였습니다. 훈련이 6월 12일에 끝날 예정이었기에, 그로부터 두 주 후에 출발하는 항공권을 구매하며 간절히 기도했습니다. "2주 안에 파송 교회를 만나고 파송을 받은 후 브라질로 돌아가게 해주세요." 파송 교회를 찾는 일은 한국에 연고가 없는 우리 부부에게는 쉽지 않은 과제였습니다. 하지만 훈련 동기들과 관계자분들이 함께 기도해 주셨고, 훈련을 마친 바로 그 주에 기적적으로 파송 교회를 만나 파송 예배까지 드리고 브라질로 돌아올 수 있었습니다.

훈련을 받기 전까지, 제 삶 속에는 후회의 순간들이 많았습니다. 끊임없이 "왜?"라는 질문을 던지며, "만약 그때 이렇게 했더라면 이런 일은 없었을 텐데… 이런 아픔은 피할 수 있었을 텐데…"라는 자책에 무너질 때가 많았습니다. 그리고 "왜 하나님은 이런 방식으로 일하실까?"라는 의문으로 갈등했던 시간도 길었습니다. 그러나 그런 질문을 통해 하나님께서 절대 실수하지 않으시는 분임을 배울 수 있었습니다. 하나님의 시간은 정확하게 짜여 있었고, 모든 일이 가장 아름다운 방법으로 이루어졌습니다.

불신자의 가정에서 태어나 목사와 선교사의 길을 걷기까지의 여정은 결코 순탄하지 않았습니다. 그러나 카이로스(Kairos), 하나님의 시간을 지나며 저는 순종의 의미를 배웠습니다. 조급해하거나 조바심을 내는 대신 묵묵히 제 길을 걸어갈 때, 하나님께서 일하시며 모든 것을 이루어 가신다는 것을 깨달았습니다.

앞으로의 삶도 명확하거나 보장된 길은 아닙니다. 지금까지 그래왔던 것처럼 시행착오도 많을 것이고, 좌충우돌하는 순간도 있을 것입니다. 그럼에도 불구하고 저는 실수가 없으신 하나님의 시간에, 하나님의 방법으로 이루실 하나님의 나라를 기대하며 소망할 수 있습니다. 지금까지 함께해 주신 하나님께서 앞으로의 여정에도 동행하실 것을 믿습니다. 바로 하나님의 때에 하나님의 방법으로.

꽃보다 아름다운

아시아 Z국 M지역 선교사 김철민

선교사를 꿈꾸다

저는 하나님의 인도하심으로 2012년에 교회 대학청년 부에 등록 후 예배 가운데 예수님을 영접했습니다. 예수 님만이 긍휼하시며 은혜가 풍성하신 유일한 구원자이심 을 믿게 되었습니다. 꿈과 비전, 특별한 목표도 가지고 있지 않았던 삶에 주님께서 주시는 소망을 품게 되었습 니다. 그 이후로 기독대학인회(일명 E.S.F)에서 예수님의 지상명령을 따라 살 것을 결단했습니다. 다양한 선교지 탐방을 통해 예수님을 깊게 만났습니다. 특별히 Z국에서 예수님은 모든 민족과 열방의 하나님이심을 깨닫게 되었 습니다. 주님의 전적인 은혜 아래 모든 존재들을 충만하 게 하시는 예수님의 사랑을 경험했습니다. 크신 주님의 사랑에 감격하며 선교사의 비전을 품었습니다. 선교지에서의 짧았던 경험이었지만 시편 말씀을 통해 하나님의 선교로 향하는 삶으로 나를 강력하게 부르고 계심을 깨달았습니다. **"여호와는 나의 목자시니 내게 부족함이 없으리로다"** 시편 23편의 이 말씀을 붙잡고 하나님의 선교를 향한 부르심을 따라 순종하겠다고 서원했습니다. 이후 청년의 때를 주님께 드리기로 결단하고 단기 선교를 위해 기도로 준비했습니다. 2017년에 교회의 파송을 받아 2018년까지 선교지에서 사역하는 가운데 선교사의 부르심을 더욱 확신했습니다. 그 가운데 마태복음 28장 19절 -20절 말씀에 근거하여 모든 민족 안에 거하시는 하나님께서 현지 그리스도인들과 교회 역시 선교를 위해 사용하실 것을 확신하게 되었습니다. 또한 이 말씀을 통해 목사로서의 소명을 분명하게 받게 되었습니다. Z국 선교를 위해 교회사역을 잘 하려면 반드시 신학 공부가 필요하다고 깨닫고 신학공부와 함께 장기 선교사로 훈련받길 소망하게 되었습니다. 2019년에 신학대학원 입시 준비를 시작하면서 여러 우여곡절도 많았지만 2020년 장로회신학대학원 신학과에 입학했습니다. 3년 동안의 신학대학원 공부는 선교적 교회를 꿈꾸는 선교사로 준비되는 시간이었습니다. 예수님이 제자들과 함께하시며 말씀과 함께 떡을 떼고 교제하심으로 그들의 삶 속에 함께하심이 바로 선교였음을 깨닫기도 했습니다. 또한 선교사들이 모든 열방에 흩어져 하나님의 선교를 위한 통로로 쓰임 받을 때 역사하실 일들도 기대하게 되었습니다. 하나님의 선교를 더욱 기대와 소망으로 바라보게 되었습니다. 하지만 3년 동안 공부하는 가운데 결코 기쁘고 감사한 일들만 있지는 않았습니다.

내 안 깊은 곳의 엄마

사랑하는 어머니가 2021년 간암 진단을 받게 되셨고, 온 가족은 갑자기 죽음의 영향을 느끼며 두려움에 휩싸였습니다. 어머니가 힘겹게 투병하셨던 1년의 세월 동안 삶과 죽음이 교차하는 병실에서 가장 오래 함께하면서 어머니의 곁을 지켰습니다. 말기에 가까운 간암이었지만 화학색전술을 받고 치료의 가능성이 보였던 초반에는 회복되리란 강한 희망으로 항암 치료를 시작했습니다. 첫 항암 치료 후에는 어머니를 모시고 여행을 다녀오기도 했고, 지인들의 많은 기도와 사랑의 손길로 어머니 상태가 호전되기도 했습니다. 그러나 이후 찾아오는 항암 약의 부작용이 심했고, 다른 여러 약을 써봤지만 좋아지지 않아 나중에는 식사도 거의 못 하셨습니다. 어머니의 그 밝던 웃음소리와 아름다운 미소가 아예 사라질 정도로 힘겨운 시간이었습니다. 항상 밝은 활력이 넘쳤던 어머니의 영과 육이 메말라 가며, 시간이 지날수록 간암 말기 증상은 심각해졌습니다. 전이된 암세포들 때문에 폐도 제 기능을 하지 못해 산소발생기를 사용해야 했고, 결국 침대에서 누운 채 앉지도 못하게 되셨습니다. 가족들과 마지막 인사를 나누는 시간, 어머니의 손을 꼬옥 잡고 놓지를 못했습니다. 사랑하는 어머니는 결국 2022년 우리 가족들의 곁을 떠나 천국으로 향하셨습니다. 한동안 가족들은 깊은 상실감으로 아파했습니다. 권사님이신 어머니는 분명히 평화로운 천국에 가셨지만, 더 이상 우리 곁에 계시지 않는다는 현실이 믿어지지 않았습니다. 그리고 여전히 해야만 하는 나의 삶, 서울의 교회사역과 자취생활은 계속 이어가야 했습니다. 신학대학원과 교회에 있는 시간을 제외하고는 거의 혼자 집에 있으면서 내면의 상실감은 더욱 깊어졌습니다. 어머니를 향한 그리움과 슬픔에 잠겨 하루하루를 보냈고, 하나님은 제 곁에 계시지 않는 것처럼 느껴졌습니다. 매일 밤 어머니를 그리워하며 눈물만 흘리다 잠이 들었습니다. 그렇게 잠든 어느 날, 꿈을 통해서 하나님의 위로와 사랑이 깊게 임했습니다. 꿈속 공간은 마치 천국 동산 같은, 밝은 햇살 아래 꽃이 활짝 핀 곳이었습니다. 아름다운 꽃이 가득한 동산에 있는 의자에 누군가 앉아계셨습니다. 이름 모를 수많은 꽃 사이에 꽃보다 아름다운 어머니가 다른 이들과 함께 앉아계셨습니다. 어머니는 더 이상 아프고 병들고 메말랐던 모습이 아니셨습니다. 하나님의 형상대로 회복된 밝고 생명력 넘치는 건강한 모습으로, 살아생전에 자주 입으셨던 예쁜 원피스를 입으셨고, 이전처럼 밝은 웃음소리를 내시면서 대화를 나누고 계셨습니다. 어머니는 정말 아름답고 환하게 웃고 계셨습니다. 저는 너무 기쁜 마음으로 어머니의 곁에 다가가 '우와, 우리 엄마 정말 예쁘네!'라고 말하며 어머니를 꼬옥 안았습니다.

죽음을 뛰어넘는 아버지의 사랑

삶과 죽음이 공존하는 병실에서 보았던, 너무 가까이에 있던 죽음의 경계와 깊은 슬픔으로 허덕였던 고통의 시간이 이제는 오래된 기억처럼 멀리 느껴집니다. 오히려 지금은 하나님이 생사화복의 주관자이심을 더욱 깊이 깨닫습니다. 말로 다 표현할 수 없는 상실감과 아픔을 겪었지만, 제 삶은 온전히 예수님께 붙들린 삶입니다. 기쁜 순간들뿐만 아니라, 고통스러운 순간들 가운데도 하나님께서 함께하고 계셨기 때문입니다. 또한 이 과정을 통해 제게 맡기신 사명과 양들이 너무나 귀하고 소중함을 깨닫고, 모든 이의 구원을 위해 목숨까지도 바칠 수 있어야 한다고 깨닫게 하셨습니다. 암으로 어머니를 떠나보냈던 쓰라린 아픔을 겪은 나를 다시 회복의 손길로 붙들어주셨습니다. 삶과 죽음을 주관하시는 하나님의 크신 사랑 가운데 천국 소망을 붙들고 선포하는 삶으로 살아갈 힘과 담대함을 얻었습니다. 자녀를 향해 끝없는 사랑을 영원토록 부어주시는 하나님 아버지를 더 깊이 경험했습니다. 어느 것으로도 끊어지지 않는 예수님과의 관계는 제 삶을 다시 살렸습니다. 하나님과의 관계가 끊어진 인간의 영과 육은 영원한 죽음을 맞이할 수밖에 없습니다. 하지만 오직 예수님만이 우리의 유일한 구원자가 되어주십니다. 주님이 길이요 진리요 생명이십니다. 우리 구주 예수 그리스도로 인해 영원히 살게 될 것을 고백합니다!

이루어져 가는 선교

하나님께서 저에게 주신 선교사의 소망을 품은 가운데

장기 선교사로 준비될 기회를 주셨습니다. 2024년 총회 파송 선교사훈련을 받으며 선교사의 기본과 기본에 충실한 선교사가 되는 것에 대해서 배웠습니다. 기도와 말씀의 자리를 지키는 경건 생활의 중요성, 선교시와 한국교회를 잇는 선교사의 역할, 선교적 교회론 등 선교에 관한 강의를 듣고 많은 것을 깨달았습니다. 제가 선교훈련을 통해 앞으로 선교지에서 견고하게 붙잡고 싶은 두 가지가 있습니다. 첫째, 하나님 안에서 선교사로서 진정한 존재의 확증을 하는 것입니다. 선교지에서 어떠한 선교사가 될지 분명히 하는 과정이 매우 중요합니다. 해야 할 새로운 사역에 대한 고민을 우선으로 두지 않고, 선교사로서 어떠한 존재가 되어야 할지를 먼저 고민하고 노력할 것입니다. 둘째, 선교지의 문화를 깊이 있게 이해하고, 현지인 지체들과 함께 예배문화를 세워가는 것입니다. 지난 시간을 돌아보니 선교지에 있으면서 먼저 현지 문화를 알아가는 과정이 부족했음을 돌아보게 되었습니다. 선교훈련 중 문화에 관하여 연구하는 자세가 중요하다고 깊이 깨달았습니다. 현지 사람들과 문화를 먼저 깊이 받아들여 현지의 예배를 세워야 한다는 것을 말입니다.

주님께서는 훈련을 통해 깨달음뿐만 아니라 크신 은혜

도 주셨습니다. 함께 훈련받은 훈련생들과 교제와 나눔을 통해 깊은 우정을 나눴습니다. 하나님의 선교를 향하는 각자의 사연과 겪은 아픔을 함께 나누며 사랑과 위로로 서로를 품을 수 있었습니다. 이후 선교사를 꿈꿨던 Z국 M지역에 들어와 PCK 선임 선교사님의 지도하에 현지 사역을 시작했습니다. 제가 속한 선교지에는 PCK 선교사 파송인 두 가정, 총 네 분의 선교사가 계십니다. 현지인 전도와 연합선교를 위한 팀 사역을 함께 진행하며, 매주 1회 이상 정기 모임을 가지면서 각자에게 주신 능력을 조화롭게 쓰는 선교지의 교회가 되도록 힘쓰고 있습니다. 또한 교회의 현지 지도자들의 정기 모임을 통해서 현지 사역에 대한 이해와 소통의 방법을 배우고 있습니다. 하나님의 인도하심으로 많은 것들을 경험하고 있습니다. 사역을 이해에 대한 일치, 선임 선교사들의 겸손한 섬김, 선배를 향한 후배 선교사들의 존중과 존경의 자세를 직접 보고 느끼며 배웁니다. 또한 선교사로서 갖춰야 할 순종의 자세, 현지 교회와 사역 위에 세워진 선교의 질서가 매우 중요함을 깨닫습니다. 이 모든 것이 선교사가 되어가는 과정임을 믿음으로 나아갑니다. 선교사로서 어떠한 사역을 새롭게 펼쳐나가야 할지는 하나님께서 보여주실 것입니다. 선교는 결국 현장에서 주님의 역사가 나타나는 것이기 때문입니다. 주님께서 이루실 선교를 더욱 기대함으로 나아갑니다!

내 삶과 사역의 인도자

캄보디아 선교사 류동준

어리바리한 학생이 선교사로 서원하다

2024년 5월 21일, 총회 선교사훈련 네 번째 날 경건회 시간에 성지교회 심상효 목사님이 설교 가운데 당신이 운동권 학생을 만났던 일에 대해 말하셨다. 어떻게 평범한 신입생이 운동권 학생으로 변하는지 들었는데, 단 일주일만 합숙 교육을 받으면 아무런 의식이 없던 신입생도 운동권 학생으로 변한다 했다 하셨다. 나 또한 그러했다. 그렇다고 대학 시절 내가 운동권 학생이었다는 말은 아니다. 내가 선교사로 헌신했던 과정이 그러했다는 말이다.

나는 대학 때 한국대학생선교회(일명 C.C.C.)에서 활동했는데 신앙심이 깊었기 때문은 아니었다. 초등학생 때 누나를 따라 교회를 다녔지만, 중학생이 되면서는 발길을 끊었고, 고등학교 1학년 친구의 전도로 다시 교회를 다니기 시작했다. 그러나 열심으로 다니는 학생은 아니었고 겨우 주일에만 교회 출석하는, 그리고 어쩌다 행사가 있을 때는 친구의 강권이 있어야만 함께하는 학생이었다. 보통의 흔한 신앙인이었다. 그래서 대학생이 되어 제대로 신앙생활을 하고 싶었다. 주일만이 아닌, 매일 하나님과 동행하는 크리스천이 되고 싶어 한국대학생선교회 동아리 문을 두드렸다. 그리고 몇 달이 흘러 방학 중 동아리 여름수련회에 참석하게 되었다. 당시 수련회는 말 그대로 장관이었다. 2만여 명의 학생들이 몽산포 모래사장에 텐트를 치고, 매일 저녁 집회를 하며 목이 터져라 백문일답을 외쳤다(백문일답은 어떤 질문이든 답을 '예수 그리스도'라고 외치는 것이다. 예를 들어 '민족 복음화를 이루시는 분은 누구십니까?'라고 물으면 2만여 명의 학생들이 '예수 그리스도!'를 외쳤다). 낮에는 전체 학생들이 모이는 특강과 수백 개의 소그룹으로 진행되는 선택 강의를 듣고, 밤이 되면 또다시 2만여 명의 학생들이 '예수 그리스도!'를 외쳤다. 그렇게 하루, 이틀, 사흘이 지나고 나흘째 되는 날, 저녁 집회 시간에 꼭 들어가는 순서가 있었다. 선교에 헌신할 사람을 Calling 하는 시간이다. 만일 이 시간이 수련회 첫

째나 둘째 날 혹은 셋째 날에 있었다면 나는 결코 부름에 응답하지 않았을 것이다. 그런데 매일 밤 2만여 명의 학생들이 선교에 도전을 주는 메시지를 듣고 백문일답을 외치는 분위기에 참가자들은 점점 사명감에 고취되어 갔고, 드디어 마지막 넷째 날 밤, 선교에 헌신할 자들을 calling 하는 시간이 되자 마치 정신이 혼미한 사람처럼 나도 모르게 자원하여 일어섰다. 물론 잠시 뒤 정신이 돌아와 '내가 지금 왜 서 있지?'하고 후회하며 나는 강사의 요청에 따라 기도하면서도 한 가지 조건을 달았다. '하나님, 제가 선교사가 되기로 서원합니다. 하지만 하나님께서 길을 열어주시는 그때 가겠습니다.'

50주년 파송 선교사가 되다

부모님이 안 믿는 분이셨기에 신학대학원 학비를 지원해 달라고 요청할 수 없었다. 그래서 대학 졸업 후, 3년 동안 직장생활을 하며 학비를 모았다. 그리고 교회 청년부 전도사님의 권유를 따라 신학대학원에 진학했다. 선교사가 되겠다는 나에게 그는 평신도 선교사가 할 수 있는 것보다 목회자 선교사가 더 많은 일을 할 수 있기 때문에 목회자 선교사가 되라고 충고해 주었다. 그래서 신학대학원에 진학했고, 교육전도사와 전임전도사 그리고 목사로 12년을 사역했다. 그동안 서원했던 선교사로 나가기 위해 기도했지만 길이 열리지 않았다. 2017년, 사역하던 대치동교회에서 창립 50주년을 기념하여 선교사 파송을 계획하는 때부터 하나님은 일하고 계셨다. 사실 이미 2016년에 50주년을 기념하는 선교사 파송을 했었다. 내가 대치동교회에 부임했던 2012년은 창립 45주년이었는데, 이때부터 5년 뒤에 있을 50주년 기념을 위한 다양한 사업을 준비하고 있었고, 그중 선교사 파송도 있었다. 그리고 50주년을 1년 앞둔 2016년에 선교사를 파송했다. 그런데 2017년 봄, 캄보디아에서 사역하던 한 선교사님으로부터 자신의 사역을 대신할 선교사를 파송해 줄 수 있냐는 요청이 들어왔다. 때마침 그 해가 교회창립 50주년이었던 터라 당회는 선교사님의 제안을 받아들이기로 했고 기독 공보에 선교사 모집 광고를 내고 총회 세계 선교부에도 좋은 지원자가 있는지 소개를 부탁했다. 그런데 거의 두 달 동안 지원자는 한 명밖에 없었고, 그조차 교회의 파송 조건과 맞지 않았다. 이후 지원자는 아무도 없었다. 교회의 파송 선교사에 대한 대우는 생활비와 사역비 전체를 지원하는 대단히 파격적인 조건이었지만 아무도 지원하지 않는 기이한 일이 벌어졌다.

처음 당회에서 50주년 기념 선교사 파송을 결정했을 때부터 하나님께서 우리를 보내시려는 뜻이 있는 건 아닌가 생각했고, 그래서 아내와 함께 열심히 기도했다. 하나님께서 우리 가정을 보내시려는 뜻이라면 순종하겠다고, 다만 가족 모두 한 마음으로 동의하게 해달라고 말이다. 그 기도를 들으셨는지 마지막까지 지원자는 나타나지 않았고, 지원 마감 당일 아이들도 선교지에 가는 것에 동의했다. 이 사실을 담임목사님께 말씀드렸는데 우리 가정이 간다면 교회로서는 대단히 고마운 일이라고 답해 주셨다. 또한 당회의 모든 장로님들이 흔쾌히 동의해 주셨다. 심지어 어떤 분은 우리 가정이 선교사로 나가기를 기도하고 계셨다고 했다.

위기가 기회가 되다

그렇게 우리 가정은 선교지로 향했다. 2018년 3월 2일 캄보디아 땅을 밟고, 왕립대학 언어연수 과정 1년을 시작했다. 그런데 우리가 캄보디아에 들어온 지 몇 달이 지난 후, 문제가 생겨 새로운 사역지를 찾아야 했다. 새로운 사역지를 찾는 1년여 기간 동안 주변 선교사들이 '여기

가보라, 저기 가보라' 얘기해 줄 때마다 차를 몰고 그곳으로 달려갔다. 또 지도를 보고 큰 도로를 따라 이동하다 지도에 마을이 있는 것으로 보이면 작은 도로로 꺾어져 마을로 들어가 그곳에 선교사나 목회자가 교회나 센터를 운영하고 있는지 마을 주민들에게 물었다. 선교사나 목회자가 없다고 하면 마음에 기대감이 생겨 세 번, 네 번, 계속해서 그 마을을 찾았다. 이렇게 사역지를 찾아다니며 마을 주민이라고 해서 그 마을에 대한 모든 일을 알고 있는 것은 아니라는 걸 알게 되었다. 몇 번이고 다시 그 마을을 찾아 여러 사람에게 같은 질문을 해야 했다. 그러다 보면 서너 번 만에 마을에서 사역하는 선교사나 목회자가 있다는 것을 알게 되었다. 그때마다 낙담했다. 그렇게 1년여 동안 사역지를 찾아 헤매다 지금의 선교지를 찾게 되었고, COVID-19 기간을 지나면서도 하나님의 인도하심을 따라 마을의 필요를 채우며 사역했다. COVID-19 기간은 오히려 사역에 큰 도움이 되었다. COVID-19로 인해 수시로 이동이 제한되는 어려운 상황에서 마을 주민을 도울 방법이 무엇인지 생각했다. 답은 명확했다. 마을 주민의 상당수가 빈민인 마을이다 보니 마스크를 쓰는 사람도, 알코올을 쓰는 사람도 별로 없었다. 그래서 각 가정을 방문하며 마스크와 알코올을 나누어 주었다. 170여 가구에 매월 50개 묶음 마스크 한두 박스를 나누어 주었고, 30리터 들이 97% 알코올 원액에 정수한 물을 팔팔 끓여 식힌 후 섞어 75% 알코올을 만들어 스프레이 통과 함께 나누어 주었다. COVID-19 기간 내내 마스크는 몰라도 알코올은 떨어지지 않았을 것이다. 집집마다 개별 방문해 마스크와 알코올을 나누어 주면서 마을의 규모가 어느 정도인지를 알게 되었고, 각 가정의 상황과 형편도 어느 정도 알 수 있었다. 게다가 마을 주민들과 안면을 트고 그들의 필요를 도우면서 그들의 마음도 얻을 수 있었다.

하나님께서 위로하시다

그렇게 사역을 시작한 지 5년째, 그동안 많은 일들이 있었고, 그 과정에서 포기하고 철수하고 싶은 생각이 들 때도 많았다. 단순히 다른 나라, 다른 문화권에서 사는게 힘들어서가 아니었다. 다 말할 순 없지만, 마음이 상하고 힘들어 포기하고 싶을 때도 있었다. 그럴 때마다 하나님께서는 전혀 생각지도 않았던 방법으로 나를 위로해 주셨다. 최근에 부활주일을 앞두고 몇 명의 아이들이 찾아와 이런 이야기를 했다. 작년에 방문했던 단기 선교팀이 올해 또 방문하기로 했는데, 그 팀을 위해 뭔가를 준비하고 싶다고 아이들끼리 의견을 모았다는 것이었다. 그래서 워십댄스를 준비하고 있는데, 먼저 주일예배 때 아이들에게 보여주고 싶다고 했다. 너무나 감동이었다. 하나님을 섬기려면 어떤 일이든 자원하는 마음으로 해야 하고, 누군가의 강권이 아니라 본인 스스로 하고 싶어서 하는 것이 올바른 봉사자의 태도라는 믿음을 가진 나는, 마을 아이들이 누가 시킨 것도 아닌데 스스로 알아서 예배를 준비했다고 하니 너무 기뻤고 감동했다. 억지로 뭔가를 하면 분명 부작용이 생긴다. 겉으로는 좋다고 하지만 속으로는 불평과 불만이 가득하다. 그런데 본인들 스스로가 서로 뭔가를 하자고 했다니 기특했다. 게다가 준비한 워십댄스가 부활주일에 꼭 맞는 것이었으니 분명 하나님께서 아이들의 마음을 움직이신 것이라 확신했다.

이러한 경험이 선교사가 고국을 떠나 머나먼 타지에서, 언어가 다르고, 문화가 다르고, 생활 방식과 가치관이 다른 곳에서 겪는 어려움과 외로움 속에서도 그것을 견디며 사역할 수 있는 것 힘이 되고, 선교는 나 자신의 힘으로 되는 것이 아니라 하나님께서 이루어 가신다는 확신이 들게 한다. 매일의 삶을 인도해 가시는 하나님의 손길이 있기에 아무리 힘들어도 임마누엘 하나님을 믿으며, 또 그러한 하나님을 경험하며 한 걸음씩 나아가는 것이다. 그러한 위로가 있기에 나는 오늘도 나아간다. 하나님께서 캄보디아 땅 쩜벅플루어 마을과 뜨러삐앙로까 마을 그리고 주변 3개의 마을 까지 하나님의 나라로 만드실 것이라는 믿음과 함께…

너는 내게
무엇을 내어주겠니?

캄보디아 선교사 유소영

인생 1막, 신앙의 길로 들어서다

20살 대학 시절, 오랜만에 만난 중학교 때 친구의 권유로 처음으로 교회에 가게 되었다. 먼저 하나님의 구원 백성이 된 숙부와 숙모 그리고 동생이 3년 동안이나 전도했지만 움직이지 않았던 내가 친구의 권유로 결국 교회에 가게 되었다. 나중에 알게 된 것인데 숙부와 숙모가 나를 위해 기도할 때 친구를 통해서 전도되기를 기도했다고 한다. 그렇게 가족과 가족의 기도 제목을 들은 많은 사람의 기도 덕분에 나의 강퍅하고 닫혀 있던 마음이 스르르 녹아 "교회에 한번 가보자"는 친구의 권유에 따라 거리낌없이 수원성 교회 청년부 예배에 참석하게 되었다. 청년부 신입반을 섬기던 언니는 나를 전도한 친구의 친

언니이자 나를 위해 기도하고 계셨던 숙모와 함께 제자훈련 중급반에서 공부하고 있었다. 이 언니의 도움으로 신입반을 거쳐 교회에 정식 교인으로 등록하고, 일대일 양육을 통해 삶을 나누고, 말씀 읽고, 묵상하는 법을 배웠다. 교회의 모든 훈련프로그램에 적극적이었던 언니와 함께 나도 덩달아 초급반, 중급반 제자훈련과 중보기도학교, 고구마 전도학교, 예수전도단 화요모임집회, 청년부의 벧엘 성경공부 등 다양한 배움에 참여했다. 그러면서 내 안에 심겨진 복음의 씨앗은 싹이 나고 무럭무럭 자랐다. 돌아보면 하나님은 너무나 완벽한 계획을 갖고 나를 인도하셨다. 하나님은 내가 교회에 발을 들여놓자마자 짧은 시간에 철저히 배우고 훈련받게 하셨다.

인생의 2막, 결혼 그리고 선교사

그러던 중 23살이 되었을 때 지금의 남편이 만나보자고 다가왔다. 그 당시 남편은 직장을 그만두고 신학대학원에 가기 위해 준비하고 있었다. 대학 시절 선교사가 되기로 서원하고, 그것을 위해 준비 중이라는 걸 알기에 교제 제안을 흔쾌히 받아들일 수 없었다. 그런데 하나님께서 기도할 마음을 주셨고, 오랜 시간 기도하는 가운데 하나님께서는 **"사람이 감당할 시험 밖에는 너희가 당한 것이 없나니 오직 하나님은 미쁘사 너희가 감당하지 못할 시험당함을 허락하지 아니하시고 시험당할 즈음에 또한 피할 길을 내사 너희로 능히 감당하게 하시느니라"** (고전 10:13) 라는 말씀을 통해 용기를 갖게 하셨다. 이 말씀에 힘을 얻어 교제를 시작했고 결혼까지 했다. 물론 그 당시에 생각도 하지 않았던 선교에 대한 마음이 갑자기 생기거나 목회자의 아내로 사는 삶에 대해 자신감이 생긴 것은 아니었다. 그저 감당할 만한 것만 허락하실 거라는 약속을 붙들고 하루하루 살면 된다는 생각이었고, 하나님의 인도가 선교라고 한다면 내게도 남편과 같은 생각을 주실 거라고 막연히 생각했다. 남편도 나에게 선교를 강요하지 않았다. 그저 때가 되면 하나님이 일하시고 길을 여실 것이라고 말했다. 그래서 결혼 이후 부교역자의 아내로 내조하고 아이들을 양육하면서, 그 역할이 나의 성향과 잘 맞다 생각하며 그저 평범하게 살고 있었다.

그렇게 한 해 한 해 보내던 중, 마음 한편에 남편이 선교사로 서원한 것이 거룩한 부담감으로 느껴지기 시작했고, 하나님의 뜻이라면 나와 아이들에게도 같은 마음을 달라고 기도했다. 하나님께서 우리 부부에게 예비하신 길이 한국에서의 담임 목회인지, 선교인지 기도하게 하셨다. 그러던 중 남편이 사역하던 교회(지금의 주 후원교회)의 50주년 기념 선교사 파송 계획을 알게 되었는데, 그때만 하더라도 우리 가족이 하나님의 뜻을 따라가게 해 달라고 소극적인 기도만 할 뿐이었다. 남편의 서원이 하나님의 뜻이라면 나에게도 같은 마음을 주시기를, 확신을 갖게 하시기를 간구했다. 여전히 안정된 생활을 원하는 마음이 컸지만, 조금씩 마음이 변화되어 하나님의 뜻이라면 따르겠다고 다짐하며 기도했다.

그러던 어느 날, 매주 수요일 오전에 진행되는 어머니 기도회에 참석했을 때 하나님께서 강력히 말씀하셨다. 기도회 인도자가 "마리아는 나에게 자궁을 내주었는데, 너는 나에게 무엇을 내어주겠니?"라고 하나님께서 물으셨다고 했다. 그 질문이 나에게도 분명한 하나님의 음성으로 다가왔다. '마리아는 나에게 자궁을 내주었는데, 소영아, 너는 나에게 무엇을 내어주겠니?' 그 순간 내 마음과 눈이 뜨거워지는 것을 느끼며 나의 삶을 드리겠다고, 남편과 함께 하나님께서 보내시는 그곳으로 가겠다고 마음속으로 답했다. 그리고 계속해서 기도하는 동안 나의 등 뒤에서 나를 꼭 끌어안아 주시는 예수님의 따뜻한 품을 느낄 수 있었다. 너무나 안정감 있고, 포근하고, 든든한 힘이 되었다. 지금도 그 느낌이 너무나 생생해서 또 그런 느낌을 받아보고 싶을 뿐이다. 하나님은 분명히 나에게 물으셨고, 마음을 움직여 답하게 하셨으며, 그런 나를 사랑으로 끌어안아 주시고 격려하신 것이다. 내가 반응하자, 하나님은 직접 일하기 시작하셨다.

우리 부부는 선교사로서의 부르심을 확신하고, 당시 10살, 13살, 초등학교 3학년, 6학년이었던 아이들에게 우리의 생각을 나누었다. 아이들은 한국이 너무 좋다고 했고, 우리는 아이들에게도 같은 마음이 생기면 그때 결정할 것이라 이야기를 해주었다. 그리고 이번 여름휴가를 캄보디아와 비슷한 환경이라 생각되는 베트남에서 보내기로 했다. 혹시라도 아이들의 마음이 움직이지 않을까 기대하는 마음이었다. 그러나 아이들의 생각은 변함이 없었다.

아이들의 마음이 아직 열리지 않았던 그때 교회에서는 50주년 기념으로 파송할 선교사를 모집 중이었다. 단 한 가정만 지원했는데, 교회의 단독 파송 조건과 맞지 않아서 또 다른 지원자를 기다렸지만 더 이상의 지원자는 없었다. 그때 남편은 아이들이 동의하지 않은 상태에서 우리 부부의 생각을 담임목사님과 당회에 알려도 되는지 고민 중이었다. 파송 선교사 모집 마감이 임박해서 정말 깊게 고민했다. 남편은 계속 '혹시 우리 가족을 보내시려고 더 이상 지원자가 없는 것은 아닌지'라고 생각했다.

그러던 중, 최종 지원 마감 시한을 단 하루 남겨두었을 때, 학교를 마치고 돌아온 첫째가 "캄보디아에 가자!"라고 말했다. 그 말을 들은 둘째도 "뭐 가면 가지!"라고 덩달아 말했다. (지금 그 일을 첫째에게 물어보면 그때 왜 그런 말을 했는지 기억이 잘 나지 않는다고 한다. 심지어 둘째는 선교지에 온 그해에 향수병을 겪으며, 왜 자신이 허락했는지 괜히 그랬다는 말을 종종 했다. 두 자녀 모두 낯선 환경과 COVID-19로 인한 학업의 어려움, 친구들과의 이별 등등 MK가 겪을 수 있는 모든 아픔을 겪었지만, 지금은 모두 현지에서의 생활에 만족하고 있고, 어떤 상황에서든 어려움이 있을 수 있다는 교훈을 얻고 잘 자라고 있다.) 나는 너무 놀라 아이들에게 반복해서 다시 물었고, 그 소식을 바로 남편에게 알렸다. 그 소식을 들은 남편은 바로 그날 찾아온 신학대학원 동기와 나누었던 이야기를 전해주었다. 동기가 "당회 장로님들과 마음을 나누는 것이 좋겠다. 당회를 통해 하나님의 인도하심을 받는 방법도 있다."고 했다는 것이다. 할렐루야!! 하나님의 타이밍은 정말 기가 막혔다.

다음 날 새벽, 기도회를 마치고 당회 안건을 의논하기

위해 교역자들이 모인 자리에서 남편은 담임목사님께 가족의 결심을 알려드렸고, 목사님과 당회는 흔쾌히 우리의 제안을 받아주었다. 놀라웠던 것은 장로님과 권사님 몇 분이 선교사 파송을 두고 기도할 때 우리 가정을 생각하며 기도하셨다는 것이다. 먼저 이야기를 꺼내는 것이 조심스러워 기도만 하고 계셨다고 했다. 당회에서도 우리 가정을 두고 기도하는 분이 계시다면 더 확신할 수 있겠다고 남편에게 말했었는데, 하나님은 나의 약한 믿음을 아시고 모든 상황을 통해 분명하게 확인해주셨다.

지교회 파송 선교사에서 총회 선교사훈련을 받기까지

그렇게 그 이듬해 2018년도 3월 2일, 캄보디아 땅을 밟았다. 그리고 지금까지 만 6년 3개월 동안 캄보디아에서 사역하고 있다. 하나님의 분명한 인도를 충분히 경험했어도 캄보디아 땅을 처음 밟은 그때는 신나기보다 '과연 이곳에서 살아갈 수 있을 것인가'하는 지극히 인간적인 마음이었다. 솔직히 한국으로 다시 가고 싶었다. 하지만 하나님의 인도하심과 함께하심을 기억하고 말씀을 붙들며 살았다. 하나님은 좋은 분들을 만나게 하셨고, 하나님께서 예비하신 것을 경험케 하셨다. 낯선 곳에 와준 것을 환영하시는 하나님의 마음을 느꼈기에 파송 후 캄보디아에서 잘 정착하고 언어도 신나게 배웠다. 또 내 안에 숨겨진 모습을 발견하며, 사역도 재미있게 했다. 그런데 때로는 향수병이, 때로는 미래에 대한 불안과 아이들에 대한 걱정이 영적으로 충만하지 못한 나에게 자꾸만 다가왔다. 자연스레 남편에게도 불만이 쌓였고, 사역도 주님을 의지하기 보다 나의 교만으로 할 뿐이었다. 선교사로 와서 그저 누구나 할 수 있는 봉사를 하며, 이 정도면 잘하는 것이라 스스로 만족하며 착각에 빠져 있었다.

그런 상황 속에서도 현지에서 버틸 수 있었던 것은 한국에서 우리 가족을 위해 간절히 중보기도를 해 주신 분들 덕분이라 생각한다. 하나님의 부르심을 잊은 채 누군가의 기도로 살아가고 있을 때도 하나님은 안타까운 마음으로 나를 바라보며 하나님의 일을 하고 계셨다. 그 가운데 하나가 총회 선교사훈련이다. 하나님은 나와 남편을 이 훈련에 어떻게든 참석시키려고 일하셨다. 교회의 요청도 있어서 '상황이 되면 훈련은 받아야지' 정도로만 생각하며 서류를 준비하고 훈련 날짜를 기다리고 있었다. 그런데 공고된 날짜가 12학년인 첫째가 중요한 시험을 보는 기간인 데다가, 졸업식 날짜까지 겹치는 상황이었다.

그래서 '아, 올해는 훈련을 못 받겠구나, 그럼, 내년이네.' 하고 마음을 접었다. 그런데 친한 선교사가 남편에게 현지 선교회 면접만이라도 미리 봐두라고 해서 현지 선교회 면접을 신청했다. 그리고 선교회 면접 날, '선한목자 선교회'의 임원들과 소속 선교사들을 만나 면접을 보면서 상황이 여의치 않아 일단 면접만 보고 훈련은 내년에 받겠다고 했다. 그런데 다수의 분들이 올해 훈련을 받으면 좋겠다고 권면했다. 그래서 남편은 급히 담임목사님께 연락을 했고, 당회 의논 후 다시 연락을 주겠다는 답을 들었다. 며칠 후 당회에서 총회 훈련 받는 것을 동의해 주었고, 현지 선교회에서는 파송 요청서를 써주었다.

이제 남은 건 아이들에 대한 걱정뿐이었다. 내년이면 아이들도 학교 기숙사에 있을 것이고, 그러면 좀 편한 마음으로 훈련받을 수 있을 것 같았는데, 아이들만 두고 훈련을 받으러 가야 해 마음이 많이 불편했다. 결단이 필요한 상황이었다. 불현듯 이 훈련 기간이 나를 위한 그리고 아이들을 위한 훈련의 기간일 수도 있겠다는 생각이 스쳤고, 기존의 훈련기간보다 짧은 기간이니 훈련받기로 결정했다. 총회 선교사훈련을 지원하는 과정 중에도 과제의 압박으로 불평이 생기고 포기하고 싶은 마음도 있었지만,

시간이 흘러 면접에 통과되고 치악산에 있는 훈련소에 들어갔다.

어쨌든 왔으니 잊고 있었던 소명도 되찾고 성령 충만의 회복이 있기를, 그리고 남편과의 관계도 회복되어 행복한 사역을 이어갈 수 있기를 기도하며 훈련프로그램에 임했다. 하나님의 놀라우신 역사는 곧바로 시작되었다. 첫 오리엔테이션 시간에 긴장하며 시작했지만 기대감이 생겼고, 첫날 말씀 묵상을 통해 하나님께서 부어주실 은혜가 있다고 확신하게 되었다. 그 후 저녁 경건회까지 이어지는 모든 순서를 통해 나에게 소명을 주시던 그 순간을 또렷이 기억났고, 그때의 느낌과 기분까지 완전히 다시 생각났다. 하나님께서는 내가 완전히 잊고 살았던 그때의 질문, 그 부르심을 너무나 생생히 생각나게 하시며 기도에 응답해 주셨다. 이어지는 강의와 말씀 묵상 시간, 경건회에 더 집중할 수 있었고, 하나님께서 말씀해 주시는 것들을 잘 들을 수 있었다. 선교지에서 진행되던 사역이 하나님의 마음에 합한 것인지, 잘하고 있는 것인지에 대한 물음도 강의를 통해 응답하셨다. 처음으로 들어보는 생소한 단어들을 반복해서 들으며, 그것을 현장에서 적용하고 계신 선교사님들의 생생한 간증을 들으며, 현지에서

살아가고 사역하는데 있어서 꼭 알아야 할 선교의 방향
과 키를 알게 되었다.

면접하는 날 만난 훈련 동기들은 너무 낯설어 이 사
람들과 어떻게 4주간 합숙을 할 수 있을까 살짝 걱정이
앞섰다. 오산이었다. 모두들 부드럽고, 유쾌하고, 나서서
도왔다. 한 사람 한 사람 배울 점이 없는 사람이 없었다.
묵상 나눔 시간과 경건회 간증 시간의 은혜와 감동은 아
직도 생생히 남아 있다. 도전이 되고 풍성했던, 나눔의
중요성을 깊이 깨달은 귀한 시간이었다. 또한 남편과 한
조에서 큐티 나눔을 하면서 앞으로 우리 부부가 살려면
함께 말씀을 읽고 나눠야 한겠다고 깊이 깨달았다.

하나님은 우리에게 가장 좋은 때에 선교훈련을 허락
하셔서, 7년의 사역과 영적 상태를 돌아보게 하셨다. 그
리고 다시 선교지로 나아가 하나님의 사역에 동참할 수
있는 에너지를 주셨다. 훈련원장님께서 반복적으로 강조
했던 '기본에 충실하기' 그리고 '긴장감 늦추지 않기'를
늘 마음에 새기며 다짐한다. 말씀의 능력으로 항상 성령
충만하여 나를 통해 하나님의 역사하심이 현지인들 가운
데 나타나 가는 곳마다 하나님의 복음을 믿고 구원받는
백성이 많아지기를 기도한다.

한 알의 밀이
싹 트길 소망하며

캄보디아 선교사 박승종

그 땅의 밀알이 되기로 작정하다

자신이 죽어야만 생명을 잉태하는 한 알의 밀은 역설의 기적이다. 선교지 캄보디아로 떠나기로 한 결정은 한 알의 밀이 되기 위한 선택이었다. 누군가 요청하거나 강요하지 않은 이 자발적 선택이 나를 고단한 훈련의 광야로 인도했다.

15 년간의 교회 교역자의 삶을 뒤로 한 채, '오직 하나님의 인도하심'만 바라보며 캄보디아로 향했다. 모두가 그렇진 않지만, 교회 교역자로 사역하며 나는 나태함과 매너리즘에 빠졌고, 실망과 좌절, 상실을 느꼈기에, 떠나야만 했다. 그러던 어느 날, 캄보디아 씨엠립으로 떠났던 가족 선교 여행이 내 삶의 전환점이 되었다. 목회자로서

의 남은 삶을 선교지에서 하나님의 열정에 푹 빠져 살고 싶다는 강한 열망이 솟구쳐왔다.

아내와 가족에게 '가자! 캄보디아로!' 한마디를 던지며 무작정 식솔을 데리고 캄보디아로 왔다. 대부분의 선교사는 먼저 선교를 꿈꾸고, 소명에 따라 기도하며 교육과 훈련 이후 파송 받는 교회와 선교적 합의를 가지고 선교지로 나간다. 하지만 나는 무모한 도전처럼 보이는 밀알의 선택이 부르심에 대한 응답이라 확신하며 출발을 준비했다. 전적인 하나님의 은혜로 시무했던 태평교회에서 대책도 없고 준비도 부족한 우리 가정을 흔쾌히 파송하기로 결정했다. 또한 성도들이 마음을 모아 후원해 주셔서 단 몇 달 만에 캄보디아 땅에 들어왔고, 벌써 선교 7년 차를 맞이했다.

BTB EDP! 꿈꾸는 자의 소망

7년이라는 시간을 '우리는 하나님의 꿈을 이루고 있다'는 확신으로 살아왔다. 열정을 가지고 도착한 캄보디아 수도 프놈펜에서의 1년 6개월의 언어훈련 기간이 쏜살같이 지나갔다. 언어훈련 기간 동안에도 거주지 근처에서 축구라는 접점을 통해 아이들을 만나면서 그들을 알아가

며 이해하기 시작했다. 그 작은 시작이 선교의 꿈을 실제
화하는 방향키가 되었다.

　언어훈련을 마치고 사역할 지역을 위해 기도하면서,
'바탐방'이라는 도시에 집중했다. 그곳을 몇 번 방문하고
리서치 한 후 사역지로 결정하였다. 바탐방에 도착해서 6
개월 동안 오토바이를 타고 마을을 탐방하고, 그곳 사람
을 만나고, 문화를 경험하며 그들과 친숙해져갔다. 그러
던 중 마을 이장님과 교류하면서 본격적인 마을 사역을
시작하게 되었다. 그러면서 바탐방 도시와 마을을 이어
줄, 가교역할을 위해 센터 사역을 진행하게 되었다. 접점
의 시작이었던 축구가 선교의 물꼬가 되었다. 'BTB
EDP!'라는 선교 표어가 내 사역의 방향점이 되었다.
BTB(바탐방), EL(하나님), DREAM(꿈), PEOPLE(사람들),
곧 '바탐방, 하나님의 꿈을 이루는 사람들'이라는 뜻이다.
집을 빌려 EDP 센터와 남-여 학사를 마련하고 리더 교
육, 제자 양육을 진행하고 있다. 그리고 두 곳 마을 사역
으로 교회를 중심으로 하는 마을 목회를 진행하고 있다.
예배가 있고, 찬양이 있다. 나눔이 있고 섬김이 있다. 교
회가 세워지고 사람이 세워지고 있다. 사람이 곧 선교다.
사람을 양육하고 키우는 것이 선교의 중심이다. 또한 축

구 사역을 통해 Football club 운영, 바탐방 대학교 축구 코치 사역, 도심에서 멀리 떨어진 마을 학교 축구지원 사역을 하고 있다. 선교의 접점인 축구는 현지 아이들에게 꿈을 꾸게 하고, 공부할 수 있는 길을 열어주고, 믿음의 리더로 양육할 수 있는 좋은 도구다. 앞으로 정규규격 축구장을 겸비한 축구전문학교를 꿈꾸고 있다. 또한, 마을에 태양열 가로등 세우기와 보건소 지원 사역 등의 활발한 활동을 진행하고 있다.

선교훈련의 절실한 필요성을 느끼다

사역으로 바빴지만 마음이 공허하고 무기력해지기 시작했다. 모든 열정을 쏟아 앞만 보고 달려온 7년 위에 내면의 갈등의 그림자가 드리워졌다. '나름대로 열심히 사역하며, 누구보다 최선을 다하고 있기는 하지만, 너무 많은 일을 방만하게 펼쳐 놓은 걸까? 사역이 아니라 일이 되버린 걸까? 이대로 계속 가도 괜찮을까? 이것이 맞는 걸까? 나는 왜 이런 생각을 할까?'

아내와 함께 고민하며 기도하는 가운데 재점검과 영적 충전이 필요하다고 느꼈다. 그러던 중 총회 선교사훈련이 5월부터 6월까지 진행된다는 소식을 접하게 되었다. '아하! 7년 전 준비 하지 못했던 선교에 대한 배움과 재충전의 시간을 하나님께서 우리에게 선물로 예비하셨구나!' 이렇게 총회 선교사훈련에 참여하게 되었다. 총회 선교사훈련은 7년의 발자취를 돌아보고 앞으로 걸어가야 할 길 위에 펼쳐질 하나님의 선교를 기대하며 꿈꾸게 하였다.

훈련 기간 동안 많은 은혜를 받았다. '끊임없이 연구하고 기도하라. 말씀으로 삶을 살아내라. 이것이 선교다. 깃발 꽂지 말고 그들의 아픔을 끌어안고 기도하라.'

모든 강의가 한 번쯤 들어 봤거나 어렴풋이 생각 저편에 남아 있던 내용이었지만, 너무나 마음에 와닿았다. 다시 기본으로 돌아가는 시간이었다. 매시간의 말씀 묵상과 강단에서 선포되는 말씀의 은혜는 레바논 단비처럼 굳은 마음의 광야를 적시고 흘러넘쳤다.

선교 신학과 방법을 재정비하다

무엇보다 나의 선교 신학을 정립하게 되어 감사하다. 첫째는 통전적 선교이다. 말씀 선포와 예배, 복음을 중심 기반으로 하는 에큐메니컬 선교이다. 선교의 중심은 말씀 선포, 복음이다. 그리고 더불어 함께 하는 나눔이다. 말씀과 쌀, 복음과 섬김이다. 둘째는 현지화 선교이다. 지금까지는 나의 시선으로 일방적인 선교를 해왔다면, 이제는 현지 언어와 문화를 깊이 이해하고 지속적인 연구를 통해 그들의 시선으로 바라보는 선교를 추구할 것이다. 그들과 함께 울고, 웃고 나누고 사랑하며 삶으로 선교를 살아낼 것이다.

이를 기반으로 세운 구체적인 선교 전략은 첫째 교육선교이다. 킬링필드라는 아픔의 역사로 인해 이곳의 많은 것이 후퇴되어 있다. 과거에 비해 교육열이 높아지고는 있지만, 심해지는 빈부격차로 인해 가난한 이들은 더 가난해진다. 겨우 끼니를 연명하는 그들에게 교육은 꿈도 꿀 수 없는 문제다. 배움의 기회조차 없는 이들에게 배움의 기회를 주고, 꿈을 찾고 배움을 멈추지 않도록 돕는 교육 선교가 가장 우선이다. 둘째는 문화선교이다. 생계유지가 가장 큰 문제이기에 다양한 문화생활을 누릴 여유가 없어 많은 젊은이들이 그저 마약, 게임 중독에 빠져 있다. 학교 교육에서도 음악교육은 극히 미비하다. 이들에게 다양한 문화를 경험하게 하여 삶의 질을 높여주고 재능을 발견할 수 있도록 돕고, 건전한 여가생활을 누리게 하고 싶다. 세째는 스포츠를 통한 자립 선교이다. 캄보디아는 공식 교과 과목에 체육이 없다. 아픔의 역사 가운데 그럴 여유가 없었던 것이 사실이다. 하지만 요즘은 운동에 대한 필요 역시 높아지고 있기 때문에, 스포츠 사역을 통해 자립할 수 있게 돕고 싶다. 마지막은 무엇보다 중요하다 생각하는 아내와 함께 동역하는 '동반자적 파트너 선교'이다. 먼저 아내와 마음과 뜻을 같이하여 업무 분담하고 재배치 하며 하나님의 꿈을 이루는 동반자 의식을 가지고 사역에 임할 것이다. 인생의 동반자이자 사역의 파트너인 아내와 함께 그리고 가족과 함께 할 때 풍성한 사역의 열매를 맺을 수 있다고 깨닫는다. 그럴 때 현지인과 현지인 교회와도 동반자적 파트너 사역의 지평이 건강하게 확장될 수 있기 때문이다.

한 알의 밀이 땅에 떨어져 죽어야만 생명의 싹이 움트는 법이다. 그러하기에 예전의 나는 죽어야 한다. 일방적이고 소통 없는 강압적 선교는 죽어야 한다. 권위적인 주입식 복음의 전달자가 아니라 킬링필드의 아픔과 고난의 역사를 함께 끌어안고 아파하며, 눈물로 회복을 함께 꿈꿀 때, 비로소 하나님께 이끌린 성령의 능력에 힘입어 생명의 싹이 돋아나게 될 것이다. 오늘도 한 알의 밀과 같은 사람이 되길 꿈꾼다. 그리고 하나님의 선하신 능력의 손길이 나를 이끄시길 소망한다.

소명에 더불어 주신 쉼,
회복의 훈련

캄보디아 선교사 황미향

어느날 갑자기 찾아온 부르심

7년 전, 남편이 "캄보디아로 선교를 갈 수 있겠냐"고 물었다. 선교에 대해 한 번도 생각해 본 적 없던 나에게는 충격 그 자체였다. 자녀들의 교육 문제는 어떻게 해야 할까 고민이 밀려왔다. 둘째 딸은 5학년, 막내는 3학년에 올라갈 예정이었고, 큰아들은 고등학교 진학을 앞두고 있었다. 수많은 갈등이 머릿속을 스쳐 지나갔다.

바로 대답하지 못한 채 고민을 거듭했지만, 이내 남편을 향한 하나님의 부르심이라면 함께 가겠다고 결단했다. 다음 날 새벽, 하나님께 울면서 기도했다. "하나님! 남편이 캄보디아로 가는 것이 주님의 부르심이라면, 제가 가야 할 이유도 말씀해 주세요." 그때 하나님께서 한 장면을 떠올리게 하셨다.

그로부터 3년 전, 가족이 캄보디아 씨엠립으로 선교 여행을 갔을 때의 일이었다. 초등학교 저학년쯤 되어 보이는 한 아이가 다가와 "원 달라! 원 달라!"를 외치며 구걸하던 모습이 선명하게 떠올랐다. 그리고 그 순간, 주님께서 제 마음에 말씀하셨다. "저들에게 꿈을 주기 위해서다!" 그분의 부르심이었다. 하나님은 남편뿐만 아니라 나 역시 캄보디아로 부르고 계셨다.

7년 사역의 분기점

우리 부부는 부목사로 섬기던 교회에 사정을 말씀드리고 파송을 받았다. 준비할 겨를도 없이 3개월 만에 캄보디아로 떠났고, 프놈펜에서 1년 반 동안 언어연수를 마친 후 차로 4시간 30분 거리의 바탐방으로 사역지를 정했다. 남편은 축구를 접촉점으로 삼아 아이들을 모으기 시작했다. 축구를 가르치며 함께 예배드리고, 방과 후 활동을 통해 아이들을 돌봤다. 현재는 두 마을에서 예배를 드리고, 도시 중심에서 학사와 센터를 운영하며 사역을 이어가고 있다.

하지만 만 6년간 앞만 보고 달려온 사역 끝에 몸도

마음도 지친 상태가 되었다. 고립감과 외로움이 커지면서 재충전이 시급하다고 느꼈다. 그때 총회 파송 선교사훈련 소식을 듣고, 서류 접수와 면접 과정을 거쳐 한국에서 4주간의 훈련을 받게 되었다.

재충전과 힐링, 다짐과 비전

4주간의 훈련은 재충전과 힐링의 시간이었다. 선교 신학을 현장에서 어떻게 실천할지 배우며, 교수들의 수업과 예배시간의 설교를 통해 큰 감동과 도전을 받았다. 동기 선교사들의 간증을 들으며, 다양한 삶 속에서 역사하시는 하나님의 일하심에 감사하며 찬양할 수 있었다. 이번 훈련은 지난 6년간의 사역을 점검하고 앞으로의 선교를 위한 로드맵을 세우는 시간이 되었다. 그리고 몇 가지 다짐을 하게 되었다.

첫째, 언어훈련에 더 집중하기로 했다. 우리의 주된 사역인 제자 양육 사역에서 가장 중요한 것은 원활한 의사소통이었다. 생존조차 어려운 아이들에게 숙식과 장학금을 제공하며 공부를 지원하고, 성경을 가르키며 그리스도의 제자로 양육해 왔다. 언어 공부는 이를 위해 필수적인 요소로, 앞으로도 끊임없이 배우고 공부하기로 결심했다.

둘째, 영성 훈련을 소홀히 하지 않는 것이다. 인간관계는 하나님과의 관계에서 흘러나온다는 사실을 깨달았다. 하나님과의 깊은 교제를 통해 주님의 사랑으로 다른 사람들을 섬기고자 한다.

이러한 다짐을 통해, 캄보디아 영혼들에게 하나님의 꿈을 꾸게 하고 그 꿈을 이루도록 돕는 도구가 되기를 소망했다.

지치고 힘들었던 때에 총회 파송 선교사로 부르시고 훈련의 기회를 주신 하나님께 감사와 찬양을 드린다. 이 훈련을 위해 애써주신 총회 세계 선교부와 모든 관계자분들, 귀한 가르침과 사랑을 나눠주신 교수님들과 목사님들께도 깊은 감사를 전한다.

오직 성령에 취하여

중앙아시아 U국 선교사 송두일

교회와 세상의 길을 보며

　1977년 인천에서 고등학교 교사이셨던 아버지와 파독 간호사 출신 어머니 사이에서 모태신앙을 가지고 태어났습니다. 어릴 때부터 자연스럽게 교회 학교에서 신앙 생활을 하며 자랐습니다. 초등학교 고학년부터 중학생 시절까지, 아버지께 선물 받은 통기타를 연주하며 복음성가 부르는 것을 좋아하던 아이였습니다. 매일 아침 어머니께서는 기도로 하루를 시작하게 하셨고, 날마다 한 장씩 성경 말씀을 읽는 생활을 했습니다. 그런데 고등학교 진학 후 많은 것이 바뀌었습니다. 그 당시 "좋은 대학에 가야 하나님께 영광 돌리는 것이다, 교회 다니느라 공부 못하면 하나님의 영광을 가리는 것이다"라는 말이 있습니다. 지금 생각해 보면 정말 후회스럽지만, 저도 그 말에 설득

당해 '선데이 크리스천'이 되었습니다. 그러나 고등부 예배와 바꾼 시간에 공부하거나 학원에 가지 않고, 세상의 유흥문화를 접하고 빠져들게 되었습니다. 만화방, 오락실, 당구장을 전전하고, 친구들과 어울려 술을 마시기까지 했습니다. 그때 교회 고등부 생활을 충실히 했다면, 공부하는 시간도 더 많았을 것 같습니다. 그런데도 나를 향하신 어떤 계획이 있으셨는지, 하나님께서는 수능을 잘 치르게 하셨고, 대전대학교 한의과에 입학하게 되었습니다.

대학에 입학한 후, 고등학교 때 수없이 들었던 말 '대학 가서 놀아라!'라는 말을 따라 살았습니다. 저의 대학 생활은 술과 유흥으로 점철된 삶이었습니다. 거의 매일 술에 취해 필름이 끊기는 날들이었습니다. 그러던 어느 토요일, 밤을 새워 술을 함께 마신 친구가 저를 깨우면서 교회 가자고 했습니다. 저는 "이렇게 술 냄새가 나는데 교회를 어떻게 가느냐?"고 했는데, 그 친구의 말이 제 인생을 살렸습니다.

"냄새나도 교회 가야지, 술에 취했다고 지옥 갈 거야?" 정신이 번쩍 들었습니다. 그 친구의 말이 없었다면, 선데이 크리스천을 넘어 하나님을 떠난 사람이 되었을 것입니다. 거룩한 삶과는 거리가 먼 시절이었음에도 불구하고, 그 친구를 통해 하나님 안에 있다는 것을 확인하는 날이었습니다.

그러던 중, 큰 사건이 있었습니다. 어느 날, 여느 때와 마찬가지로 술에 만취해서, 옹벽 공사 중인 학교 건물에서 주락하고 말았습니다. 누가 보더라도 사람이 살아날 수 있는 높이가 아니었습니다. 사건을 목격한 친구들은 당연히 제가 죽었다고 생각했고 병원에 입원해 있다는 말을 믿기 힘들 정도였다고 합니다. 이 사고로 저는 1년간 휴학을 하였고, 군대도 가지 못했습니다. 지금의 저는 이 사건을 "사망의 구렁텅이로 빠져가는 나를, 하나님께서 건져내 살리셨습니다!" 라고 고백하지만, 당시의 나는 그렇지 못했습니다.

이런 정도의 커다란 사건을 겪으면 올바른 방향으로 전환하는 일들이 있어야 하는데, 안타깝게도 저는 정신을 차리지 못했습니다. 몸 상태가 좋아지면서, 다시 술독에 빠졌고, 날마다 술을 마시는 생활은 결혼과 아이를 낳아 기르는 내내 이어지고 있었습니다.

나를 바꾸신 단기선교

어느 날 의료선교팀의 일원으로 한방진료를 맡아 중앙아시아 U국으로 단기선교를 다녀왔습니다. 그곳에서 살아계신 하나님, 복음으로 열방을 살리시고 구원의 계획을 신실하게 이루고 계신 하나님을 보게 되었습니다. 그런 경험을 통해 말씀대로 신실하게 역사하시고 살아계신 주님과 함께하는 시간을 사모하게 되면서, 매년 한두 번씩 단기 의료선교팀으로 열방을 섬기기 시작했습니다. 중앙 아시아 U국으로, 파키스탄으로, 요르단으로, 그리고 특별히 '주님의 사랑으로 위로하라'는 마음을 주셨던 튀르키예 지진 피해 현장까지.

"하나님은 살아계시는구나!"

"하나님은 나 같은 사람도 쓰시는구나!"

단기 의료선교 현장에서의 은혜로운 시간을 통해, 하나님의 살아계심을 더욱 보고 싶고, 이 땅에 하나님의 말씀이 이루어지고 하나님 나라가 임재하기를 더욱 소망하게 되었습니다.

삶이 이렇게 바뀌면서, 주님을 사모하는 마음이 날로 커져서 주일예배뿐 아니라 수요예배, 기도회 등 모든 교회 모임에 기쁘게 참여했습니다. 의료선교팀을 구성하고 운영하는 일을 하면서, '은혜' 때문에 너무나 바쁜 날들을 보냈습니다. 정신을 차리고 돌아보니 주님을 따르기에 너무 바빠 예전처럼 술 마실 시간은 없어지고, 이제는

'술에 취하기'보다 '성령에 취해서' 나의 주님을 따르는 삶으로 변화된 것을 깨닫게 되었습니다. 큰 사고는 사람을 변화시키지 못했지만 하나님의 은혜와 하나님의 비전은 사람을 변화시킵니다. 할렐루야!

주님은 살아 계시며, 지금도 주님의 일을 이루고 계시고, 우리를 주님의 영광을 경험하는 은혜의 자리로 부르신다고 믿습니다. 주님의 마음을 알게 되면서 선교의 열정이 나날이 커지게 되었습니다.

내게 주신 소명

의료선교를 통해 열방을 섬기면서, 중풍 병자가 낫는 기적을 보기도 하고 기대할 수 없던 병들이 낫는 것을 수도 없이 목격했습니다. 그중 가장 좋았던 것은, '복음에 대해 막혀있던' 단단하게 굳은 영혼들이 마치 '여리고 성 무너지듯' 무너져 내리며 마음을 열고 복음을 받아들일 때였습니다. 질병과 아픔을 들어주고 만져주며 치료할 때, 성령님께서 그들의 완고하고 굳어있던 마음을 부드럽게 하시고 자신의 약함과 힘든 삶을 털어놓고 열린 마음으로 교제할 수 있었습니다. 하나님께서는 주님의 복음으로 그들을 살아나게 하실 것입니다.

의료선교로 섬기게 될 때, 이처럼 영혼들의 마음이 열리는 것을 자주 볼 수 있습니다. 현지 선교사들이 교제하고 섬기는 가정 안에 있는 복음에 저항하는 마음을, 주님의 사랑으로 위로하고 치유하는 섬김을 통해 열어줄 수 있습니다. 선교지에서는 그리스도인이 되었다는 이유로 가정과 친구들에게 핍박받는 믿음의 형제들이 있는데, 그들을 핍박하던 사람들에게 의료팀으로 나아가 섬기면, 핍박하던 자들의 마음이 열리는 체험도 하게 됩니다. 그리고 선교지의 현지교회와 협력하여 의료팀으로 섬길 때, 막혀있던 현지교회의 선교사역이 열리기 시작하기도 합니다.

중앙아시아 U국을 향한 비전

중앙아시아 U국은 인구 3,500여만 명으로 중앙아시아 최대 인구 지역입니다. 그곳에는 125개 정도의 소수 민족이 살아가고 있습니다. 많은 사람이 '의료혜택'을 충분히 받을 수 없는 환경에서 살고 있으며, 변방 소수 민족 지역으로 갈수록 그런 어려움은 더욱 커집니다. 아직 복음이 전해지지 않은 지역, 아직 복음을 듣지 못한 민족들을 향해서 예수님의 마음으로 섬기고 주님의 복음을 전하는 일이 너무 필요합니다.

사람들은 보통 '의료 사역'이라고 하면, 커다란 병원을 짓고 사회공헌 하는 그림을 그리곤 합니다. 물론 그것 역시 귀하고 중요하고 커다란 사역입니다. 이러한 마음과 비전을 받은 분들은 이와 같은 방식으로 섬기고 사역해야 합니다. 그렇지만 하나님께서 제게 주신 것은 '주님의 백성을 위로하라'는 마음이었고, 위로받지 못한 민족들을 향하여 성육신하신 예수님을 닮아 위로하고 섬기는 비전입니다. '이 고을 저 고을' 찾아다니며 천국 복음을 선포하셨던 예수님처럼, 변방의 많은 민족의 지역을 돌아다니며 병든 자를 고치고 가난한 자에게 천국 복음을 전하는 비전을 주셨습니다. 아시아의 중심인 중앙아시아, 그리고 그 중앙아시아의 중심인 U국이, 하나님 나라 복음의 중심이 되어 일어날 수 있도록, 함께 기도로 동역하여 주시기를 소망합니다. 할렐루야!

이방의 빛으로
나아가게 하소서

중앙아시아 U국 선교사 정연정

나의 신앙생활

저는 불교 집안에서 태어나 어릴 때부터 절에 다니고 제사를 지내는 것이 익숙했습니다. 지금도 친정어머니는 정기적으로 절에 다니시는 불교 신자십니다. 몇 년 전, 할머니의 장례식을 계기로 가족과 친척들을 둘러보며 알게 된 것이 있었습니다. 예수님을 믿는 사람이 저 하나뿐이었습니다. 그 순간, "나는 정말 어둠이 짙은 환경에서 자랐구나. 하나님께서 특별히 나를 택하셔서 자녀 삼아주셨구나!"라는 깨달음이 왔습니다.

대학 진학 후 혼자 살면서, 모든 일을 스스로 선택하고 책임져야 한다는 현실 앞에서 삶의 무게가 너무나 무겁게 느껴졌습니다. '나 혼자 이 짐을 다 지고 있다'는 생각에 마음이 자주 힘들었고, 교회에 가고 싶다는 갈망이 생겼지만 혼자 문을 열고 들어갈 용기는 나지 않았습니다.

그 즈음, 지금의 남편을 만나 교제를 시작했습니다. 그런데 이상하게도 그는 토요일 오후만 되면 어디론가 사라졌다가 주일 오후에야 돌아왔습니다. 알고 보니 그는 교회에 다니고 있었습니다. 그럼에도 불구하고 저에게 예수님을 전하거나 교회를 권유하지 않는 모습이 섭섭하기도 했습니다. "날 정말 어떻게 생각하는 거야?" 하는 마음이 들기도 했습니다. 당시 그는 술, 담배, 게임, 만화방에 빠져 있었기에 '날라리 교인'처럼 보였습니다. 그러던 중, 성탄절에 그가 함께 교회에 가자고 했습니다. 제 마음은 이미 갈급했기에 흔쾌히 따라갔습니다. 처음 가본 교회였지만 마음이 너무 평안했고, 어색함 없이 성령님께서 저를 만져주시는 것을 느낄 수 있었습니다.

예상치 못했던 빠른 결혼으로 24살 어린 나이에 한의사인 남편과 가정을 꾸렸습니다. 안락한 삶을 기대했지만, 현실은 고난의 연속이었습니다. 고부 갈등 속에서 남편은 방패가 되어주지 못했고, 무기력하고 우유부단한 모습에 실망하기도 했습니다. 남편은 매일같이 친구들과 술을 마시며 새벽에야 귀가했고, 줄줄이 태어난 세 자녀는 저 혼자 육아를 책임져야 했습니다. 친정 부모님과도 신앙의 차이로 소통이 어려워지며 저는 늘 외롭고 고립된 기분이었습니다.

가장 힘들고 동역자가 절실한 시기에 남편은 항상 부재 중이었고, 남편이 있어도 '과부 같다'는 생각이 들 정도였습니다. 그러나 고통 속에서 저는 눈물로 기도하며 하나님께 매달렸습니다.

"주님, 제가 의지할 분은 오직 주님뿐입니다. 주님이 저의 신랑이자 보호자이십니다. 저를 붙들어주시고 힘을 주세요!"

사랑한다 내 딸아

저에게는 첫째 아들, 그리고 14개월 터울의 연년생 두 딸을 주님께서 허락하셨습니다. 막내가 태어난 지 2주가 되었던 어느 날, 산후조리원을 퇴소하기 위해 준비하던 중 친정어머니로부터 급한 전화를 받았습니다. 둘째가 화상을 입어 화상 전문 병원에 입원했다는 소식이었습니다. 놀란 마음으로 이제 막 태어난지 2주밖에 안된 막내를 조리원에 맡기고 병원으로 달려갔습니다.

병원에서 본 둘째의 모습은 충격적이었습니다. 머리부터 상체까지 붕대를 칭칭 감은 채, 마치 미이라 같았습니다. 정수기 뜨거운 물에 몸 20%의 화상을 입었다고 했습니다. 하늘이 무너지는 듯한 절망 속에서, 산후조리도 제대로 못 한 채 에어컨 바람이 강하게 나오는 화상 병동에서 3주를 보내며 하나님을 원망했습니다. "하나님, 이건 너무하잖아요? 셋째를 낳고 몸조리해야 할 때에 젖먹일 아이는 내 곁에 없고, 둘째는 어떻게 될지 모르잖아요. 왜 저에게 이런 고통을 주시나요? 차라리 저를 데려가 주세요!"

산후 우울증까지 겹치며 매일이 지옥 같았고, 정말 살고 싶지 않았습니다. 그러던 어느 날, 저를 당시 다니던 교회로 인도해 주셨던 전도사님이 병문안을 오셨습니다. 그분은 보혈 찬송 10곡을 불러주시며 말씀하셨습니다. "예수님의 보혈이 집사님을 모든 환경에서 자유롭게 하십니다. 감사할 일을 적어보세요."

처음에는 '감사할 일이 대체 뭐가 있나요? 저는 저주받은 사람이에요! 하나님은 어디 계신가요?'라며 하나님을 원망했습니다. 하지만 며칠 후 그 말씀이 떠올라 감사의 내용을 적기 시작했습니다. 그때, '사랑한다, 내 딸아. 내가 너를 잘 아노라. 사랑한다, 내 딸아. 네게 축복 더하노라'라는 찬양이 떠올랐습니다. 그리고 주님의 음성이 마음에 들렸습니다. "딸아, 죽을 수밖에 없었던 네 딸을 내가 살렸다. 그리고 너도 내가 살렸다." 하나님의 이 음성은 저의 마음을 완전히 바꾸어 주셨습니다. 둘째 딸의 화상은 생명에 위협을 줄 만큼 심각했지만, 하나님께서 그 아이를 살려주신 것입니다. 저주가 아니라 은혜였습니다! 하나님은 고통을 주시는 분이 아니라, 딸을 살리시고 나를 살리신 분이셨습니다. 할렐루야!

그 후, 둘째 딸을 볼 때마다 미안함으로 눈물짓던 제 마음은 변화되었습니다. 하나님께서 특별히 사랑하셔서 화상이라는 아픔을 통해 많은 사람의 기도와 축복 속에 자라게 하셨다는 감사가 차오르기 시작했습니다. 저는 하나님의 은혜에 감격하며 세 아이를 안고 업고 손에 붙잡고, 가능한 모든 예배에 참석했습니다.

특히 전도대에 참여하며, 교회에 가고 싶지만 용기가 없었던 과거의 저 같은 사람들을 찾아 예수님께로 인도하는 사역에 헌신했습니다. 전도 사역을 하며 점차 시야가 확장되어, 복음을 듣지 못한 민족들에 대한 관심이 생겼고, 2018년부터 남편과 함께 의료선교를 다니게 되었습니다. 광야 같은 시기를 지나며 하나님은 우리 부부와 함께하셨습니다. 과거에 '날라리 교인' 같던 남편은 믿음이 깊은 안수집사로 변화되었고, 저희 부부는 하나님이 주신 사명을 따라 지금도 주님의 은혜 안에서 살아가고 있습니다.

우리를 속히 보내소서

COVID-19로 인해 남편의 한의원 경영이 어려워지면서, 저도 남편과 함께 한의원에서 일하게 되었습니다. 그곳에서 함께 기도하고 예배하며 말씀을 묵상하고 환자들을 섬기던 중, 하나님께서 우리 부부에게 선교사의 소명을 주셨습니다. 예전에는 '아이들을 다 키워놓고 언젠가 가야지' 하며 선교를 미루거나, 모든 것을 내려놓아야 한다는 생각에 세상적인 미련이 남기도 했습니다. 그러나 이제는 '주님께서 우리의 모든 짐을 짊어지시고, 우리에게 참된 평안과 기쁨을 주시려 하신다!'는 믿음이 저희 안에 확고히 자리 잡았습니다.

의료선교는 독특한 은혜가 있습니다. 몸이 아픈 이들이 스스로 마음을 열고 치료를 위해 다가오기에, 그 열린 마음에 성령의 치유와 복음이 전해지는 역사가 일어납니다.

병이 고쳐지고, 가난한 자에게 복음이 전파되는 그 현장은 마치 예수님의 사역을 닮아 있습니다. 이 모든 일은 우리의 기술이나 능력이 아니라, 주님의 주권으로 이루어짐을 경험하게 됩니다. 하나님께서는 주님이 원하시는 자리에 있는 사람을 택하셔서, 그들을 통해 주님의 나라를 이루어 가십니다.

우리는 흔히 '내일이 당연히 있을 것'이라고 생각합니다. 그러나 열방의 영혼들에게 오늘이 복음을 들을 수 있는 마지막 날일 수도 있습니다. 우리 부부는 '우리가 그들에게 복음을 전할 수 있는 첫 번째이자 마지막 사람일 수도 있다'는 마음으로 기도하며 준비하고 있습니다. 저희는 주님께서 주신 소명에 따라, 각자의 자리에서 많은 영혼을 주님께 추수해 드리는 일꾼이 되기를 소망합니다. 어떤 이는 보내는 자로, 어떤 이는 나아가는 자로 함께 연합하며 하나님의 일을 이루기를 원합니다. 우리 부부가 주님의 도구로 쓰임 받아 U국에서 주님의 나라가 임하게 하시기를, 택하신 영혼들이 주님께 돌아오게 하시기를 간절히 기도 부탁드립니다.

"주께서 이같이 우리에게 명하시되 내가 너를 이방의

빛으로 삼아 너로 땅끝까지 구원하게 하리라 하셨느니라" (행 13:47)

저를 어둠 짙은 가정에서 불러내어 빛 가운데 거하게 하시고, 하나님의 자녀로 삼아주신 주님께 모든 찬양과 영광을 올려드립니다. 주님의 꿈과 비전을 따라 땅끝까지 구원하게 하시는 하나님께 감사와 영광을 드립니다.

할렐루야!

상황을 뛰어넘어
역사하시는 하나님

일본 선교사 여인찬

앞서 계신 하나님

저는 이성으로 이해가 되야 행동하는 사람이었습니다. 선교, 결혼 등 중요한 일이 있을 때마다 하나님의 뜻을 구하기보다 제 생각이 앞서는 사람이었습니다. 하나님께서 선교의 마음을 주셨지만 제 나름대로 이해 할 만한 범위 안에서 실천하려 했습니다. 중국에 가야겠다고 결심하고 중국 선교를 준비했지만 갈 수 없었습니다. 끊임없이 일본을 향한 마음을 부어 주셨지만, 오직 중국 선교만 생각하며 고집을 부렸습니다. 한번은 학교에서 일본에 갈 일이 있었습니다. 꼭 가야 하는 일이었기에 여행가는 마음으로 참여했습니다. 일본에 도착하자마자 놀랄 수밖에 없었습니다. 공부한 적도 없는 일본어가 들리고 무슨 뜻인지 알 수 있었기 때문입니다. 그날 밤 일본어로 꿈까지 꾸었습니다. 그제야 하나님의 인도하심을 깊이 느끼고 일본선교를 준비하였습니다. 그때부터 어디를 가나 일본인들을 만나게 되었고 일본선교를 향한 준비를 시작하기로 했습니다.

일본선교를 위해 어떤 준비를 해야 하는지 몰라 고민하고 있을 때 '낙운해'라고 하는 일본인 교수님을 만나게 됐습니다. 그분은 일본선교를 위해 어떤 준비를 해야 하는지 상담해 주시고 일본선교에 도움이 되는 사람들을 소개해 주셨습니다. 그래서 짧은 시간 안에 준비할 수 있었습니다. 낙운해 교수님를 만나게 하신 하나님은 일본에서도 좋은 사람들을 만나게 하시고 일본에 잘 정착할 수 있도록 도우셨습니다.

COVID-19로 인해 일본에 입국할 수 없는 상황이 계속되다가 입국허가를 받았습니다. 저는 입국만 하면 모든 것이 잘 풀릴 줄 알았습니다. 이미 여행이나 교육 프로그램을 통해 일본에 방문한 적이 있고 일본어 공부도 하고 있었기 때문에 문제가 없을 것으로 생각했습니다. 하지만 이것은 저의 큰 착각이었습니다. 힘들어서 마음이 어려운 나머지 여기가 예전에 경험했던 그 일본이 맞는지 모르겠다는 생각까지 들었습니다. 선교는커녕 살아가는 것조차 어려울 수 있겠다는 생각으로 절망할 때, 쿠보키라는 일본인을 만나게 됐습니다. 쿠보키상은 일본 사람 같지 않은 일본 사람이었습니다. 원래 일본 사람은 서로 관여하지 않고 적당히 거리를 두는 인간관계를 지향합니다. 누군가에게 하나를 받았다면 반드시 하나를 갚아야 하는 문화입니다. 그런데 쿠보키상은 만나기만 하면 먹을 것을 나눠 주었습니다. 항상 밥 먹었냐고 묻고 먹었다고 해도 먹을 것을 나눠 주었습니다. 학교 안내를 해 주고 생필품을 나눠 주었습니다. 저는 일본 문화를 알기에 이 모든 것을 어떻게 갚아야 할지 모르겠다고 말했습니다. 그러자 쿠보키상은 자신도 예수님께 받은 은혜를 나눌 뿐이라며, 나중에 어려운 사람을 만나면 지금 받은 예수님의 사랑을 저도 나누면 좋겠다고 이야기했습니다. 저는 일본에 와서 혼자 적응하고 견뎌야 한다고 생각했습니다. 하지만 하나님께서는 이런 저를 위해 쿠보키상을 만나게 하셨습니다. 하나님께서는 한국에서도 일본에서도 적절한 때에 적절한 사람을 만날 수 있도록 예비하셨습니다. 비록 낯선 환경이었지만 하나님의 은혜로 일본에서의 사역과 학업을 이어갈 수 있었습니다.

일본에서 경험한 하나님

하나님께서 이런 은혜를 허락하셨지만 저는 여전히 이성을 중시하는 사람이었습니다. 선교후원 없이 일본에 왔기에, 생활을 위해 아르바이트를 했는데도 항상 부족한 살림에 힘이 들었습니다. 하루는 집에 쌀이 떨어졌습니다. 자기 역할을 다하지 못하는 무능한 가장이라는 생각에, 저 때문에 아내가 고생한다는 생각에 참 괴로웠습니다. 돈을 어떻게 구할지 고민하는 저에게 아내는 함께 기도하자고 했습니다. 계속해서 기도할 때, 평소에 한 번도 대화한 적 없는 권사님께서 갑자기 쌀을 주셨고, 그때부터 여기저기에서 쌀이 들어오기 시작하더니 다 먹지 못할 정도로 넘쳤습니다. 이 일을 경험하고 아내에게 말했습니다. 이제는 쌀 말고 돈을 달라고 하나님께 기도하고 말이죠.

선교훈련을 통해 받은 은혜

저희 부부는 일본에서 사역과 일을 병행하며 학업 중에 있습니다. 삶의 여유가 없다 보니 선교훈련을 받기 위해 사역지, 학교, 일터를 장기간 비워야 한다는 사실이 많이 부담스러웠습니다. 사역하는 교회와 학교의 허락이 필요했고, 훈련비용 역시 마련해야 했기 때문입니다. 그렇기에 기대보다는 불편한 마음으로 훈련에 참여했습니다. 하나님께서는 이런 저를 만나주시고 함께 해주셨습니다. 사실 저는 눈물이 없는 사람입니다. 이유는 알 수 없지만 왼쪽 눈물샘이 막혀 왼쪽 눈에서는 아예 눈물이 나지 않습니다. 그랬던 제가 주님께 받은 은혜를 나누고 찬양하면서 계속해서 울었습니다. 막혀있던 왼쪽 눈에서도 눈물이 가득 흘렀습니다. 여러모로 여전히 여유가 없는 상황은 똑같지만, 마음에는 세상이 줄 수 없는 평안과 기쁨이 가득합니다.

만남의 은혜

후원 없이 선교지에 있으면서 채워지지 않는 재정으로 인해 계속 마음을 졸이며 기도 했습니다. 사실 선교 훈련이 끝나기 전에 하나님께서 예비하신 교회와 후원자들을 만나지 않을까 하는 기대도 있었습니다. 훈련 중 이것을 위해 많은 분이 함께 기도해 주셨습니다. 그러나 훈련이 끝날 때까지도 상황은 변하지 않았습니다. 그래도 계속 기도했습니다. 하나님께서 함께하시고 상황을 뛰어넘어 기도의 동역자를 만나게 하시리라 확신했기 때문입니다.

훈련이 끝나고 얼마 지나지 않았을 때 정균오 원장님께 연락이 왔습니다. 소개해 주고 싶은 교회와 목회자가 있다고 하셨습니다. 저희는 바로 연락드리고 찾아뵈었습니다. 소개받은 나여지 교회의 목사님께서는 물질적 후원과 함께 저희와 사역을 위해 기도하겠다고 약속하셨습니다. 나여지 교회는 어린아이들도 선교사들의 이름을 알고 함께 기도한다고 하셨습니다. 정말 귀한 교회를 만났다고 생각했습니다. 하나님께서는 저희의 생각을 뛰어넘어 역사하시고 나여지 교회와 목사님를 만나게 하셨습니다. 돌아오는 길 지하철 안에서 나여지 교회와 목사님, 그리고 이 만남을 위해 기도하라는 마음을 주셨습니다. 그 자리에서 눈을 감고 기도하는 데 마음이 뜨거워지며 눈물이 흘렀습니다. 부흥회에서도 울지 않고 남의 눈치를 보던 내가 공공장소에서 주변의 시선을 신경 쓰지 않고 울며 기도했습니다. 하나님께서 주신 마음이 아니라면 울며 기도하지 못했을 것입니다. 정균오 원장님을 통해, 나여지 교회와 목사님을 통해 역사하신 하나님께서 저희 부부를 통해 일본 가운데 역사하실 것을 믿습니다. 앞으로 일본 땅에서 이루어질 하나님의 역사를 기대합니다. 저희 부부는 이제 하나님만 신뢰하며 일본으로 가려 합니다.

그래도 일본! 그래서 일본!

일본 선교사 김지혜

나의 장래 희망 '선교사'

아주 어린 시절 1학년 때였을까, 언니, 오빠들만 갈 수 있었던 캠프의 저녁 기도회에 참석할 기회가 생겼습니다. 한 영상에서 아프리카 친구들이 몸이 삐쩍 말라 눈만 끔뻑이며 힘없이 앉아있는 모습을 보게 되었습니다. 그때 저는 '하나님, 이 세상에 어려운 사람들을 도울 수 있는 선교사가 되게 해주세요.'라고 기도했습니다. 그 이후로 저는 남들이 대통령, 간호사, 선생님이라고 적는 장래 희망란에 항상 선교사가 되겠다고 당당하게 적었습니다. 하나님께서는 끊임없이 저에게 선교에 대한 마음을 심어주셨고, 비전을 위해 기도할 때마다 열방을 향한 부르심과 어린이를 향한 사랑을 제 마음에 부어 주셨습니다. 그래서인지 아동부 사역을 할 때면 기쁨과 열매가 있었고,

목사로 전임 사역을 시작하면서 "하나님, 제가 이것까지요?"라고 질문할 만큼 다양한 경험을 하게 하셨습니다.

8.15의 역사

첫 만남에서 디즈니랜드 이야기만 계속했던 남편은 정말 제 마음에 들지 않았습니다. 그런데 우리의 역사가 세 번째 만남에서 이뤄졌습니다. 서로의 비전에 대해 이야기하면서 함께 할 미래가 그려지기 시작했습니다. 각자 하고자 하는 사역은 달랐지만, 같은 선교의 비전을 품고 보완한다면 너무나도 아름다운 사역이 될 것 같았습니다. 그런데 문제는 남편이 가고자 하는 나라가 일본이라는 것이었습니다. 여행으로도 가고 싶지 않았던 일본, 토종 한국인, 오지랖 김지혜가 개인주의가 강한 일본이라니. 무엇보다 독도를 자기네 땅이라고 하는 일본은 달갑지 않은 선교지였습니다. 그런데 놀랍게도 조심스럽고, 보드라운 사람이 수줍게 교제를 시작해 보자고 말한 후부터 저의 마음이 점점 열리기 시작했습니다. 일본에 대한 부정적인 생각이 사라지기 시작했고, 데이트할 때 일본어 자격 검정시험(JLPT)을 준비하는 남편을 보면서 일본이 궁금해지기 시작했습니다.

그 후 남편은 시험도 척척 합격하고 일본 교회 안에 자연스럽게 녹아들기 위해 신학 공부를 권유받고 본격적으로 유학을 준비했습니다. 저는 이때가 아니면 결혼은 못 하겠다 싶어서 "나랑 결혼할 거야, 말 거야?"라고 물었더니 한다고 하길래 몇개의 날자 중에 "이 중에서 골라야 해. 아니면 결혼 못 한다."라고 했고, 결국 8월 15일에 결혼했습니다. 지금 생각하면 '일본에 오면서 8월 15일에 결혼한 것은 좀 아니었나?'라는 생각도 들지만, 하나님의 가장 완벽한 타이밍이었다고 확신합니다.

시편 126편은 어디에?

남편의 비자가 빨리 나와 결혼 후, 한 달 만에 남편이 먼저 일본으로 갔습니다.

"눈물을 흘리며 씨를 뿌리는 자는 기쁨으로 거두리로다." (시 126:5)

이 말씀을 약속의 말씀으로 받고 하나님이 하실 일과 사역, 신혼생활에 자신감을 가득 품고 6개월 뒤 저도 일본으로 가게 되었습니다.

저희 신혼집은 50년이 넘은 목조 건물이었습니다. 일본은 건물 관리를 잘한다고 하지만, 방음에는 아주 취약했습니다. 옆집 사람이 코 골면 '아~자는구나.' 악에 받친 노래를 부르면 '오늘 스트레스를 많이 받았구나.'하고 생각했습니다. 앞집 외국인 부부는 하루에 스무 번도 넘게 담배를 피워서 창문을 열어놓을 수도 없었습니다. 제가 일본으로 갔던 3월은 봄바람이 아닌 칼바람 같은 추위가 집을 뚫는 것 같았고, 여름에 외출 후 집에 돌아와 현관문을 열면 찜질방 같은 뜨거운 공기가 우리를 맞았습니다. 무엇보다 일주일 내내 가야 하는 교회와 어학원은 1시간 반 거리에 있었고, 교통비가 부담되어서 될 수 있으면 많이 걸었습니다. 양말에 구멍이 너무 많이 나서 성한 양말이 없을 정도였습니다.

문제는 그뿐만이 아니었습니다. 히라가나(ひらがな), 가타카나(カタカナ)도 모르는 저는 휴대폰이 없으면 아무것도 할 수 없는 사람이 되었습니다. 남편은 학교에 가고 없는데 저 혼자 밥도 먹어야 하고 길도 찾아야 했습니다. 집에 가스레인지도, 전자레인지도 없어 나가서 먹을 것을 사와야 하는데 말도 못 하고, 못 알아들으니 편의점이나 슈퍼에 가기도 무서웠습니다. 행여 누군가 우리 집 벨을

누르면 아무도 없는 척 숨죽이곤 했습니다. 먹는 것, 사는 것, 공과금 내는 것, 어느 것 하나 핸드폰의 도움 없이 스스로 할 수 없었던 저는 길을 걸으며 늘 눈물을 흘렸습니다. 사람들은 '저 여자가 미쳤구나!'라고 생각했을 것 같습니다.

어학원의 김 목사

그렇게 한 달 정도의 시간이 흐르고 어학원 학기가 시작되었습니다. 모든 수업을 일본어로 진행하니, 도무지 뭐라고 하는지 몰라 파파고와 사전을 켜두고 수시로 남편에게 들리는 대로 적은 일본어를 카톡으로 보내 물었습니다. 그런 답답했던 시간이었지만, 배우면 배울수록 아는 것이 생기고 간판이나 빵 이름, 커피 종류 같은 것을 읽을 수 있어서 기뻤습니다. 그렇지만 거듭되는 수업에서 큰 산으로 마주하게 되는 문법은 저를 좌절시키곤 했습니다. 그것보다 더 큰 좌절은 내 주변에 이런 어려움을 나눌 친구가 한 명도 없다는 것이었습니다. 한국인들은 대부분 한국에서 언어를 배우고 바로 취직하기 때문에 저희 반에는 아주 어린 다국적 학생만 가득했습니다. 같은 나라 학생들은 쉬는 시간이 되면 서로의 언어로 웃으며 이야기했습니다.

"하나님, 왜 저를 혼자 두셨어요. 이 공간에서 외롭지 않게 해 주세요." 이렇게 기도하며 수업을 듣던 중 저를 깜짝 놀라게 한 대답이 들려왔습니다. 선생님의 일요일에 어디를 가냐는 질문에 교회 간다고 대답하는 친구가 있는 겁니다. 저는 그 중국인 친구에게 말을 걸었고, 매일 집으로 돌아가는 길에 받은 은혜를 나누고, 교회에서 있었던 일, 비전을 나눴습니다. 하나님께서 저에게 중국인 크리스천 친구를 만들어 주셨습니다. 우리는 또 다른 중국 친구 유요를 전도하기 위해 기도하며 함께 교제했습니다. 말은 잘 통하지 않지만, 식탁 교제를 나눌 때면 항상 제가 한번, 중국인 크리스천 친구가 한 번씩 돌아가며 서로의 언어로 기도했습니다. 저는 한국어를 모르는 유요 앞에서 "유요가 꼭 예수님을 믿고, 일본 생활 중 가장 큰 사건이 예수님 믿고 구원받은 일이 되게 해주세요."라고 기도했습니다. 어학원에서는 내가 목사라고 당당히 알렸습니다. 한국인의 정으로 다가가며 간식도 나눠 주고, 있는 힘껏 응원하고 격려해 주었습니다. 직접적으로 복음을 전한 것은 아니었는데, 어떤 친구가 먼저 "언젠가 김 상이 다니는 교회에 가도 됩니까?"라고 말했습니다. '이곳에서도 복음을 전할 수 있구나.'라고 생각하니 너무 기뻐서 눈물이 났습니다.

고독+아픔+피폐함 = 우울

감사할 것들이 이렇게 많은데도 이상하게 그 감사와 기쁨은 잠시뿐이고, 점점 우울해지고 마음이 메말라 갔습니다. 활발하고, 적극적인 성격은 쓸모없어 버려진 종이처럼 구겨졌고 아무것도 하기 싫어졌습니다. 몸은 또 왜 그렇게 아픈지, 거의 1년 내내 감기에 걸렸고, 감기 나으면 COVID-19, COVID-19 나으면 독감, 독감 나으면 감기를 반복하며 늘 앓는 소리를 하며 살았습니다. 늘 눈치 보고, 신경은 곤두서있고, 행여 외국인으로 보일까 조마조마하며 살았고, 교회에서도 그저 낯선 이방인 같은 느낌으로 매 주일을 보냈습니다. 목사임에도 불구하고 주일날 교회에 가는 것이 싫었습니다. 그렇게 일본은 늪이되어 저를 집어삼켰습니다. 그렇게 지내다 보니 영과 육이 지쳐갔고, 사소한 일에도 남편에게 짜증을 내며 '우울하다'는 말을 입에 달고 살게 되었습니다. 몸과 마음이 너무 아플 때는, 사람들에게 연락하려니 계속 울기만 할 것 같고, 하나님의 영광을 가리는 것 같아 전화하는 것을 꾹 참았습니다. 그러다 조금 괜찮아졌다 생각되면 그때 밝은 목소리로 통화했고, 끊고 나면 한동안 온몸으로 '한국앓이'를 했습니다.

분명 하나님께 약속의 말씀도 받고 "하나님! 이제 저희 부부가 일본에 왔어요! 일본 땅이 변화될 줄 믿습니다."라며 큰 포부를 품고 왔는데, 이렇게 우울하고 힘들어하면 안된다는 마음과는 달리 바쁘게 쳇바퀴처럼 굴러가는 하루를 억지로 보내며 살았습니다.

준비되고 회복되는 시간, 총회 파송 선교사훈련

개인 기도와 말씀 묵상 시간을 확보하려고 노력했지만 여전히 회복되지 않는 시간을 보내다, 투덜거리며 총회 파송 선교사훈련에 왔습니다. 시간도, 돈도, 치러야 할 대가도 너무 많았기에 짜증이 났습니다. 내야 할 서류는 왜 이렇게 많은지, 심지어 서평까지 써야 했습니다. 도대체 이걸 해서 무슨 유익이 있을지 아무리 생각해도 알 수 없었습니다.

그런데 이곳에 와서 첫째 날부터 눈물 수도꼭지가 고장 난 듯 눈물이 콸콸 터지기 시작했습니다. 매일의 아침 묵상, 이어지는 강의와 예배, 동기들과의 교제를 통해 위로받으며 하루하루 회복되기 시작했습니다. 평소에 우는 모습을 본 적 없었던 남편도 옆에서 울며 찬양하고 기도했습니다. 이 시간을 통해 일본에서 살아온 1년을 돌아보았습니다. 하나님께서는 저에게 항상 응원해 주는 착한 남편을 주셨고, 저희에게 일본 살림을 챙겨주었던 남편 학교의 쿠보키 상을 만나게 하셨고, 여름엔 찜질방처럼 덥고 겨울엔 칼바람이 들어오고 삐그덕거리는 목조 주택에서 콘크리트 건물로, 교통도 편리한 곳으로 옮겨 주셨습니다. 쌀이 떨어지면 쌀도 주시는 하나님이 기억나 너무나도 감사했습니다. 사실 좀 웃기지만 강의가 끝나고 숙소로 돌아왔을 때 혼자 속으로 '하나님 저 치킨 먹고 싶은데, 오늘 저녁에 치킨 주시면 하나님이 여전히 제 기도 듣고 계신다고 믿을게요.'하고 기도 했습니다. 그날 저녁 하나님은 야식으로 치킨을 주셨습니다.

남의 하나님? 우리 하나님!

이제 하나님께서 하실 일을 더욱 기대합니다. 저희 부부는 훈련에서 각 가정에 역사하시는 하나님을 보았습니다. 누구에게는 후원도 해결해 주시고, 누구에게는 파송 교회도 만나게 하시고, 누구에게는 사랑스러운 아이도 주

145

셨습니다. 그 하나님이 남의 하나님이 아니라 우리의 하나님이심을 믿습니다. 저희는 이 훈련을 받으면서 바뀐 것이 있습니다. 남편은 자기 전에 소리내서 기도해달라고 하면 부끄러워서 "속으로만 기도했어."라고 하는데, 이제는 숙소에 가면 두 손을 꼭 잡고 소리내서 간절히 기도하는 남편이 되었습니다. 함께 말씀 묵상 나눔을 이어가기로 약속하고 그 시간을 절대 놓치지 않기로 약속도 했습니다.

회복된 수도꼭지 부부가 다시 간다!

저희는 선교사들의 무덤이라 불리는 땅, 우리나라 사람들은 별로라 하는, 그래서 후원하고 싶지 않은 땅, 복음의 불모지 일본으로 갑니다. 가장 좋은 하나님의 때에 이곳에 오게 하시고, 꼭 필요한 저희를 다시 보내신다고 믿습니다. 우리가 흘렸던 은혜의 눈물이 일본 땅에서도 계속되리라 믿습니다. 눈물 흘리며 씨를 뿌릴 때, 기쁨으로 거두는 날이 올 것을 확신하며 더디더라도 끝까지 그 땅에 씨를 뿌리는 선교사로 살겠습니다

웰컴 투 키르기스스탄

키르기스스탄 선교사 오민준

낯선 곳에서의 유학

어느 날 중앙아시아의 키르기스스탄으로부터 크리스천 현지인의 사립학교(Ilim School) 건물이 정부에 넘어가게 되었다고 학교를 유지할 수 있게 해달라는 긴급한 기도 제목을 받았습니다. 담임목사님께서는 그 기도 제목을 놓고 기도하시다 '네가 가진 것을 주라'는 마음의 감동을 받으셨습니다. 그래서 교회 안에 손님을 위해 마련된 작은 사랑방으로 이사하고, 사택을 팔아 학교를 유지할 수 있는 자금을 마련하셨습니다. 당시에 키르기스스탄은 구소련으로부터 독립한지 얼마 되지 않아 은행 시스템이 제대로 갖춰지지 않았고 돈을 송금할 수 없었습니다. 그래서 그 나라로 입국하는 사람을 통해 큰돈을 긴급히 전달하였고, 극적으로 학교를 지킬 수 있었습니다. 하나님의 크신 은혜로 국민의 90%가 이슬람을 믿는 나라에서 독실한 현지 기독교인의 학교가 부정부패로 가득한 정부에 넘어가지 않고 살아남았습니다. 그 학교의 교장은 일면식도 없지만 학교를 살려준 은인을 만나기 위해 한국으로 달려오셨고, 교회 작은 사랑방에 머물고 계신 담임목사님께 눈물로 감사의 인사를 표했습니다. 그렇게 담임목사님과 키르기스스탄의 특별한 관계가 시작되었습니다.

이후 제가 학교와 학원을 바쁘게 오가며 지냈던 중학교 3학년 때, 담임목사님께서 키르기스스탄으로 유학을 권하셨습니다. 그 나라의 교육환경이 괜찮았기 때문입니다. 선진국은 아니었지만 직접 살려내신 학교를 비롯해 미국과 러시아에서 세운 대학교들이 있어 좋은 교육을 받을 수 있었습니다. 또한, 목사님은 학생들이 우물 안 개구리처럼 한국에만 있는 것이 아니라 세계에 나가 시야를 넓히고 더 큰 세계관을 품으며 성장하기를 바라는 마음에 학생 두 명을 신중하게 선택하고 3년 동안 기도로 준비하셨습니다. 그 3년의 세월이 지나 저에게 유학을 제안하셨고, 아버지, 어머니의 적극적인 지지와 응원 속에 유학을 결심했습니다.

유학을 준비하는 과정이 쉽지는 않았습니다. 그 나라의

주식이 빵인 것을 알고 부지런히 식빵을 사다 먹으며 음식 적응을 위해 노력했고, 주된 언어가 러시아어라는 것을 알았지만 배울 여건이 못되어 대신 만국 공용어인 영어를 열심히 배웠습니다. 또한, 유학이 가능한 학업 성적을 유지하기 위해 하교 후에는 매일 교회 기도실로 달려가 지혜를 달라고 기도했고, 더 열심히 공부에 매진했습니다.

나름 모든 준비를 잘 마친 후, 고등학교 1학년, 17살의 나이에 홀로 키르기스스탄 유학길에 올랐습니다. 안타깝게도 영어가 잘 통하지 않아 배운 영어가 소용이 없었던 그 낯선 곳에서 저는 결국 손짓, 발짓으로 유학 생활을 시작했고, 러시아어 알파벳을 하나둘씩 배워가며 새로운 세상을 살기 시작했습니다. 처음 먹어보는 현지 음식이 너무 맛있었고, 학교에서 배운 언어를 상점과 시장, 길거리에서 바로바로 사용하면서, 낯설고 새로운 환경은 두려움과 공포가 아닌 모험과 즐거움으로 가득한 곳이 되었습니다. 그렇게 키르기스스탄에서 어려움 없이 잘 적응하며, 무탈하게 지낼 수 있었던 것은 교회 담임목사님의 오랜 기도 덕분이 아니었다 생각해 봅니다.

선교사로 준비시키신 하나님의 섭리

키르기스스탄에는 미국계 '중앙아시아 미국 대학교 (American University of Central Asia)'와 러시아계 '키르기즈-러시아 슬라빅 대학교 (Kyrgyz-Russian Slavic University)'가 있습니다. 미국계 대학교에는 형편이 좋은 키르기즈 학생과 다양한 외국인 학생들이 재학 중이며, 러시아계 대학교에는 러시아인 학생들과 비교적 여유 있는 키르기즈 학생들이 많이 다니고 있습니다. 반면에 키르기즈 국립대학교(Kyrgyz National University)에는 중산층과 하층의 다양한 키르기즈 학생들이 공부하고 있습니다. 저는 고등학교를 졸업하고 키르기즈 국립대학교에 진학하여 국제관계를 전공했습니다. 그때 그 선택이 키르기스스탄 선교사로 가게 된 지금의 저에게 귀한 자산이 되었습니다. 국립대학교를 다니며 키르기즈 친구들의 가난한 생활 형편과 진로에 대한 고민, 살아가는 모습들을 더 가까이서 체험하고 함께 할 수 있었기 때문입니다. 이 시기를 통해 키르기즈 서민들의 삶을 더욱 깊이 접하고 이해할 수 있었습니다.

저는 그곳에 있으면서 교단(PCK) 선교사님이 개척하신 교회(Faith Church)를 다녔습니다. 그분은 현지인 목회를 하고 계셨는데, 그 교회에서 신앙생활을 하며 영성 훈련도 많이 받았고, 선교 사역에 함께 참여하며 선교 현장의 모습들을 직, 간접적으로 많이 경험할 수 있었습니다. 이슬람권에서 박해를 견디며 어렵게 믿음을 이어가는 수많은 현지 가정 교회들, 가난과 생활고로 사역을 내려놓아야만 했던 현지 사역자들, 열악한 신앙 환경 속에서 말씀을 갈급해하는 성도들의 모습이 늘 안타까웠고 하나님께 올려드리는 간절한 기도의 제목이었습니다.

그렇게 시간이 흘러 대학교 졸업을 앞둔 어느 날 금요기도회 중 하나님의 강력한 임재를 경험하고 마음 가운데 뚜렷하고 분명한 하나님의 음성을 듣게 되었습니다. '주의 길을 예비하라'는 음성을 들려주셨고, 저를 주의 종으로 부르셨다고 깨닫게 되었습니다. 주님의 부르심과 앞으로의 진로에 대해 다시 한번 하나님께 기도하며 진지하게 고민하던 중, 저의 키르기스스탄 유학이 어떤 의미였는지 깨닫게 되었습니다. 담임목사님의 오랜 기도와 권유로 가게 된 키르기스스탄, 그리고 그곳에서 공부하며 지냈던 10여 년의 시간은 하나님의 준비였습니다. 이미 저는 그 나라의 언어와 문화, 음식을 비롯해 환경에 잘 적응하여 살아왔고, 현지인들과 키르기스스탄의 정치, 경제, 문화, 사회, 역사를 함께 해온 사람이 되었습니다. 하나님께서는 키르기스스탄의 영혼 구원과 하나님 나라의 확장을 위해 저를 미리 보내시고 준비시키셨습니다. 이후 저는 키르기스스탄 선교의 비전을 품고 신학대학원에 진학하여 지금까지 달려왔습니다.

키르기스스탄에서 대학 시절을 보내던 아내를 만나 교제하며 같은 교회에서 신앙생활을 했고 함께 선교의 비전을 품으며 가정을 이루었습니다. 저희 부부는 올해 6월, 총회 파송 선교사훈련을 잘 마쳤고, 이제 8월이면 키르기스스탄으로 선교사 파송을 받게 됩니다. 키르기스스탄 선교를 위해 하나님께서 미리 계획하시고 준비하신 저희 가정이 그 땅에서 하나님의 선교를 온전히 이루어 갈 수 있기를 간절히 소망하며 기대합니다!

이런 나도 소명을?

키르기스스탄 선교사 주지혜

홀로 용감히 간 유학길

2007년, 고등학교를 졸업하고 대학 진학을 앞둔 때였습니다. 가장 친했던 친구가 키르기스스탄으로 유학 간다는 소식을 듣고, 저도 따라가기로 했습니다. 한국에서는 특별히 이루고 싶은 꿈도, 꼭 가고 싶은 학교도 없었기에, 낯선 곳에서 새로운 경험을 해보고 싶다는 생각뿐이었습니다. 키르기스스탄은 이름조차 생소한 곳이었고, 그곳이 어떤 곳인지도 몰랐지만, 그저 떠나고 싶었습니다. 출국 전 교회에서 파송의 노래를 부르며 파송식도 해주었지만, 사실 이때는 특별한 소명도, 깊은 계획도 없었습니다.

그곳에서의 삶은 생각보다 훨씬 힘들었습니다. 부모님을 떠나 처음으로 다양한 언어와 문화 속에서 살아가야 했습니다. 몸이 아파도 서툰 의사소통과 열악한 의료 환경 탓에 제대로 치료받지 못하고, 오직 기도에 의지해야 했습니다. 그러나 그보다 더 어려웠던 건 인간관계였습니다. 가장 친했던 친구를 포함해 주변 한국 유학생들과 이런저런 이유로 멀어졌고, 깊은 외로움 속에서 하나님께 부르짖으며 기도할 수밖에 없었습니다.

그러던 어느 날, 시장에서 샐러드를 파는 고려인 아주머니가 자기 조카와 친구가 되어보지 않겠느냐며 소개해 주셨습니다. 그렇게 저는 그 조카와 친구가 되었고, 서로 한국어와 러시아어를 가르쳐 주며 교류했습니다. 또한, 터키 친구들과 현지인 교회 친구들과도 교제하며 다양한 문화를 배우고 언어 공부에 집중할 기회가 생겼습니다. 힘든 시기마다 밤이면 교회에 가서 관리집사님과 함께 기도하며 시간을 보냈는데, 지금 돌이켜보면 하나님께서 저를 기도로 준비시키는 과정이 아니었나 싶습니다.

시간이 흐르며 점차 회복되는 듯했지만, 믿었던 사람들에게 받은 상처로 인해 마음 문을 닫아 버렸고, 교회에도 나가지 않게 되었습니다. 좁은 이민 사회에서는 작은 말 한마디에도 민감해지며 날이 서 있곤 했습니다. 그런 저에게 어느 날 한 남자가 다가왔습니다. 말이 잘 통하고 이해심 많아 보이는 그는 듬직했고, 자연스레 마음이 갔습니다. 같은 교회에 다니던 그는 졸업을 1년 앞둔 복학생이었습니다. 우리는 1년간 교제했고, 어느 날 그가 선교사로서의 소명을 받았다고 고백했습니다.

교회 목사님이 저에게 "넌 이제 어떻게 할래?"라고 물으셨을 때, 제 마음속엔 '나도 이 길을 함께 가도 될까?'라는 질문이 떠올랐습니다. 남자 친구는 한국으로 돌아가 신학 공부를 시작했고, 저는 남은 1년의 학업을 마치고 한국으로 돌아와 회사 생활을 시작했습니다. 부모님께서는 유학을 마치고 돌아온 제가 안정적인 직장과 결혼을 통해 성공적인 삶을 살길 바라셨습니다. 하지만 제 마음속에는 늘 언젠가 다시 키르기스스탄으로 돌아가리라는 생각이 자리 잡고 있었습니다.

4년 후, 우리는 결혼했습니다. 결혼 후 5년 이내에 키르기스스탄으로 떠날 줄 알았지만, 여러 사정으로 갈 수 없었습니다.

하나님의 훈련

선교지에서는 하나님을 더 깊이, 더 뜨겁게 만날 수 있었습니다. 그러다 문득 '한국에서는 하나님이 덜 역사하시는 걸까?'라는 생각이 들기도 했습니다. 그러나 시간이 지나면서 하나님은 어디에나 계시는 전지전능하신 분이라는 사실을 깨닫게 되었습니다. 하나님은 저를 우연처럼 보였던 키르기스스탄으로 보내 공부하게 하셨고, 한국에서도 저에게 필요한 부분들을 훈련시키며 빈틈없는 계획으로 저를 이끌어 주셨습니다.

남편과 결혼한 뒤의 삶은 넉넉하지 않았지만, 단 한 번도 쌀이 떨어진 적이 없었습니다. 크고 작은 일들 속에서 하나님께서 채우심을 체험하며 물질의 훈련을 받았습니다. 또한, 예배 중 시험에 들고 집중하지 못했던 순간들조차 하나님께서 말씀을 통해 저를 훈련시키셨음을 깨닫게 되었습니다. 어떤 환경에서도 하나님의 말씀 듣는 법을 배우며, 모든 것을 내려놓아야만 할 때 내가 진짜 믿고 의지해야 할 분은 하나님이심을 다시금 알게 되었습니다.

아이를 낳고 가정을 이루며 살아가면서 깨달은 것은 선교지가 결코 멀리 있지 않다는 사실이었습니다. 나와는 참 다른 남편, 서로 다른 환경에서 자라온 두 사람이 만나 살아가는 과정에서, 서로의 다름을 인정하고 하나님의 섭리를 찾아가며 살아가는 것 자체가 선교지에서 살아남는 법과 다르지 않았습니다. 선교 훈련을 통해 배우게 된 중요한 교훈은, 서로의 어려움만 바라보며 호소하는 대신 하나님을 가정의 중심에 두고 기도로 나아가야 한다는 점이었습니다.

유학 생활을 마치고 돌아올 때 한 가지 아쉬웠던 것은 부모님과의 관계였습니다. 유학을 떠나기 전부터 부모님은 별거 중이셨고, 한국에 돌아왔을 때 어머니는 재혼하셨고, 아버지는 요양병원에 계셨습니다. 딸조차 알아보지 못하는 아버지를 보며 '하나님, 한국에서 다시 키르기스스탄으로 돌아가기 전에 우리 가정이 화목하고 주님을 믿는 가정이 되게 해주세요'라고 간절히 기도했습니다. 그러나 제 뜻대로 되지는 않았습니다. 모든 것을 말로 꺼내 놓을 수는 없었지만, 하나님께서는 하나씩 관계를 회복시키시고 정리해 주셨습니다. 부모님은 아직 구원의 확신을 가지지 못하셨지만, 저는 기도로 씨를 심을 뿐, 열매를 맺게 하시는 분은 하나님이심을 믿습니다. 하나님께서 저의 작은 소원을 아시고, 그분의 방법으로 관계를 회복시키셨습니다.

하나님의 계획은 때로 다 헤아릴 수 없지만, 하나님께서는 너무나 세밀하게 한 치의 오차도 없이 저를 이끌어

주셨습니다. 만약 한국에서 이러한 훈련의 시간을 보내지 않았다면 앞으로 다시 그곳에서 더 큰 어려움을 겪었을 지도 모릅니다.

2013년 여름, 그곳을 떠나온 지 11년 만에 가족과 함께 다시 키르기스스탄으로 돌아갑니다. 부족하고 문제투성이인 저를 부르시고 긴 시간 동안 준비시키신 하나님께 감사드립니다. 이제 하나님께서 저희 가정을 통해 하실 일들과 부으실 은혜를 기대하며 설렘과 기쁨으로 나아갑니다. 어떤 고난과 역경이 찾아오더라도 내 머리털까지 다 세시는 하나님께서 함께하시기에 두려워하지 않습니다. 지금도 함께하시고, 앞으로도 동행하실 하나님 아버지께 감사드리며 이 글을 마칩니다.

나의 사랑, 나의 어여쁜 자야,
함께 가자!

태국 선교사 이승현

태국으로 가기까지

하나님께서 저희 가정을 어떻게 태국 선교사로 부르셨는지 적어봅니다. 8년 전 하나님의 부르심에 따라 기도하며 여러 가지로 선교 나갈 준비를 했지만, 아내가 셋째를 임신하면서 여러모로 준비하는데 어려워져 다시 기도했습니다. 그때 하나님께서 지금은 때가 아니라고 하셨습니다. 사실 하나님께 원망 아닌 원망을 많이 했습니다. "아니, 하나님께서 부르셨고 보내신다고 하셔놓고, 어떻게 해서라도 보내셔야 하는 거 아니에요!"라고 말입니다.

이후 저는 아무 연고도 없는 광주의 한 교회에 부교역자로 사역을 시작했습니다. 점점 선교의 부르심을 잊고 살아가던 광주에서 사역한 지 6년째 되는 6월에 갑작스럽게 태국에 가게 되었습니다. 세계 선교위원회 담당도 아닌데 왜 제가 가야 하는지 모르겠다고, 저는 안 간다고 사양했지만 그럼에도불구하고 8년 전 부르심을 받았던 태국 땅을 밟게 되었습니다. 태국에 도착하고 3일째 되는 날, 산속에 살고 있는 소수민족 교회를 방문했는데 예배당에 들어가는 순간 눈물이 왈칵 쏟아졌습니다. 열악한 상황 가운데도 이곳에서 예배를 드리고 있는 모습이 정말 짠했기 때문입니다.

예배당 안 예수님의 초상화를 보는데, 잊고 살았던 초등학교 5학년 때의 일이 불현듯 스쳐 지나갔습니다. 여름성경학교 때 교회 장의자로 만든 길을 따라 진행하는 코스별 프로그램 중 한 코스에서 검은색 도포를 둘러쓴 사람이 나오더니 여기 있는 초상화(이 초상화는 예수님의 초상화였습니다) 이것 한 번만 밟으면 편하게 이 방을 나가게 해주고, 나가면 시원한 수박을 먹을 수 있다고 했습니다. 그 말에 저와 친구들은 한 치 망설임 없이 예수님의 초상화를 마구마구 짓밟았습니다. 그 철없던 행동이 파노라마처럼 지나가면서 눈물을 흘리지 않을 수 없었습니다. 그렇게 예수님의 초상화를 마구 밟아댔던 저를, 죽이셔도 아무 할 말이 없는 이런 저를 목회자로 삼아주셨다는 사실이 마음 깊이 새겨졌습니다. 하나님께서는 산속 밝게 빛나는 별들을 보게 하셨고, 그때 "승현아, 저 밝게 빛나는 별을 구름이 가린다고 별이 사라지더냐? 별이 여전히 구름 뒤에서 밝게 빛나고 있듯 이곳에 대한 부르심을 너는 잊었을지 몰라도 나는 기억하고 있다!"라는 마음을 주셨습니다.

계속해서 보여주시는 확증의 역사

그 밤에 이런 간증을 사람들에게 나눴고, 나를 태국 선교사로 보내시려는 하나님의 프로젝트가 재점화되었습니다. 8년 전에는 이 방법 저 방법으로 선교 나가려고 애쓰면서도 계속해서 마음이 불안했었는데, 이번에는 마음이 평안했습니다. 총회 파송 선교사로 나가려면 현지 PCK 태국 선교회의 인터뷰가 필요해 작년 연말 태국 치앙마이에 다녀왔습니다. 연말이다 보니 인터뷰를 위해 허락된 날은 단 3일로 저녁 늦게 도착하여 그다음 날 바로 인터뷰하는 일정이었습니다.

인터뷰는 선교사의 소명을 검증하고, 이 사람을 선교사로 받을 것인지 확인하는 자리이기에 시간이 오래 걸린다고 들었습니다. 교회 부교역자 인터뷰 이후로 오랜만에 하는 인터뷰라 많이 부담되고 떨리기도 했습니다. 제가 그렇게 말을 잘하는 편이 아니기도 합니다. 숙소에서 저와 아내를 데리러 오는 선교사님를 기다리는데 너무 떨렸습니다. 그렇게 떨고 있는 저를 바라보는 아내가 왜 이렇게 긴장하고 떠냐며 걱정하는데 기도가 절로 나왔습니다. '하나님께서 여기까지 인도하셨으니, 앞으로 가야 할 길도 인도해 주세요.' 하나님께서는 아가서 2장 10절의 **"나의 사랑 내 어여쁜 자야 일어나 함께 가자"**는 말씀을 주셨습니다. 아멘!

인터뷰 장소에서 선배 선교사들이 한 분, 한 분 올라오기 시작하는데 정말 신기했습니다. 모교회에서 파송 받으신 분, 초등학교 선배, 청년부 때 활동했던 형, 8년 전 아웃리치 때 만났던 선교님이 있었습니다. 저를 이미 알고 계신 분들이 많아 유쾌한 인터뷰는 금방 끝났습니다. 태국 PCK 선교사회는 저를 선교사로 받기로 결정했습니다. 그리고 선교사회가 1년에 두 번 모일 때마다 선교사들을 위해 기념품을 준비하는데, 이번에는 말씀 머그컵을 준비했다고 하시며 기념으로 하나를 주셨습니다. 저는 그 말씀 머그컵에 적혀 있는 구절을 보고 깜짝 놀랐습니다. "여보, 이 말씀 오늘 아침에 하나님께서 제게 주신 말씀이에요. 아가서 2장 10절!"

나의 사랑하는 내 어여쁜 자야 일어나 함께 가자

그렇게 이 말씀을 붙들고 여기까지 왔습니다. 하나님께
서는 하나님의 때가 되니 일사천리로 태국 선교사 파송
을 준비하여 주셨습니다. 진행되는 상황을 보며 아내와
저는 정말 신기하다고 고백했고 지금은 하나님이 부르신
이곳 태국 땅에 와 있습니다. 이곳으로 인도하신 하나님
의 신실하심과 선하심을 믿고 의지하며 모든 상황을 넉
넉히 이길 줄 믿습니다. 주님 사랑합니다. 주님 감사합니
다.

아버지께 기대는,
기대되는 삶

태국 선교사 박아름

무엇을 어떻게 믿고 나가는가?

태국 선교사로 파송되어 치앙마이로 가는 비행기 안에서, 그동안 하나님께서 하셨던 놀라운 일들을 기록한다. 하나님께서 우리 가정에 선교의 비전을 주시고 어떻게 인도하셨는지를 떠올리자 8년 전의 경험이 스치고 지나간다. 2016년, 7살 시엘이와 5살 하엘이를 데리고 짐을 싸 무모하게 하와이 호놀룰루행 비행기에 몸을 실었었다. 지금은 막둥이 다엘이와 5명이 태국행 비행기에 몸을 싣고 있으니 어쩌면 지금이 그때보다 더 무모할지 모른다.

2016년 남양주의 한 교회 전도사로 있었던 남편이 동역하던 교육전도사로부터 예수전도단 DTS 훈련을 받아보는 것이 어떻겠냐는 제안을 받았다. 남편이 평소 선교에 관심이 있고 그 단체와 아주 잘 어울릴 것 같다는 이유에서였다. 청년 시절 선교에 마음이 있었던 남편은 그 제안을 덥석 받아들이고 가정을 받아주는 베이스를 탐색하기 시작했다. 유명한 스위스 로잔에 있는 베이스로 가고 싶은 마음이 컸지만, 그곳에는 아이를 봐줄 수 있는 운영진이 없다고 했다. 하는 수 없이 여기저기 알아보고 하와이 호놀룰루에 있는 작은 한인 베이스로 가기로 결정하고 예산을 세웠다. 그런데 어처구니없게도 달러로 환율계산을 하면서 끝자리 '0'을 하나 빼고 계산했다. 이 말도 안 되는 실수를 하지 않았더라면, (아마도 주님께서 눈과 머리를 가려 주셨던 것 같다) 감히 하와이 선교훈련에 두 자녀를 데리고 가지 못했을거다.

훈련 초반에 계산을 다시 해보니 우리가 계산했던 예산과 지출될 예산의 차이가 너무 커서 식겁했다. 나는 재정 문제로 훈련을 중도 포기하려고 했지만, 기도하면서 하나님께 재정을 온전히 맡기라는 마음의 감동을 느꼈다. 하나님을 믿는 믿음 안에서 흔들리지 않고 잘 지냈으면 좋았겠지만, 나는 하루하루 애가 타들어 갔다. 그래도 훈련받으며 하나님 음성 듣는 법을 배우고, 주님께서 우리를 향해 어떤 마음을 가지고 인도하시는지를 깨달았다.

나를 꺾는 재정 훈련의 터널

생각지도 못한 큰 재정 계산오류로 선교훈련을 덜컥 결정하고, 혼자의 몸도 아닌 4가족이, 한국도 아닌 비행기로 8시간 거리의 호놀룰루 베이스에서 살아가야 할 위기에 있다니! 이건 정말 말도 되지 않는 일이었다. 남편은 계속 옆에서 기도하자고, 하나님께서 분명히 준비해 두신 그분의 재정이 있다고 나를 다독였다. 눈물의 하루하루였다. 감사하게도 우리의 재정을 위해 팀원 모두가 중보했고, 이곳저곳에서 오는 재정이 채워지고 있었다.

그런데 마지막까지 채워지지 않은 부족한 부분이 있어서, 다음 날까지 내지 않으면 퇴소해야 했다. '그래. 이렇게 12주 동안 훈련받은 게 어디야. 하나님께서 여기까지만 허락하신 거야.'라고 생각하기도 했지만, 능력이 무한하신 하나님께서 '다' 채워주신다는 강력한 마음의 감동을 주셨기에 실망스럽기도 했다. 이때 하나님께서는 계속해서 기도편지를 쓰라고 하셨다. 독자분들 중에 '하나님이 저렇게 이야기하신다고? 자기 생각 아니야?'라고 생각하시는 분들이 있을지도 모르겠다. 하지만 선교지에 나가면 평소에는 몰랐던 하나님을 강력하게 체험하고, 성령의 임재가 충만한 땅에서 그분의 역사와 말씀하심을 경험한다. 그럴 때는 살아계신 하나님께서 강권적으로 말씀하실 때의 마음의 울림을 깨달을 수 있다.

남편을 만나기 전까지 나는 부모님이 주시는 용돈으로 생활했고, 누군가에게 도움을 받아 본 적 없었다. 나름대로 부족함이 없이 살았기 때문에 재정에 관한 기도를 해본 적이 없었다. 결혼하고 나서도 재정적으로 어려웠지만, 하나님께서 기도하기 전에 필요를 아시고 채워주시는 부분이 많았다. 한 번도 재정에 관해 누군가에게 부탁한 적이 없었던 나는, 이런 부탁을 구걸이라고 생각했었다. '아쉬운 소리'라고 생각했고, '내가 뭐가 부족해서? 나도 어딘가 나가서 일하면, 아니 어디 아르바이트라도 하면 이렇게 아쉬운 소리 안 해도 돼'라는 생각이 있었다. 그러나 동이 터올 때 엎드려 기도하면 하나님께선 계속해서 순종을 요구하셨다.

'하나님! 싫다고요! 이렇게 이야기하지 않아도 채워주시면 되잖아요! 왜 하나님의 자녀를 구걸하는 자로 만드시는 거예요! 정말 원하시는 거예요? 자존심 상해요! 제가 뭐가 그렇게 부족해서요!'

사나흘 동안 아침저녁으로 내 눈은 퉁퉁 부어있었다.

매일 그렇게 하나님과 사투를 벌였지만 기한이 얼마 남지 않은 시점에 결국 울면서 기도편지를 작성했다. 기도하며 주셨던 마음들과 현재 상황을 상세하게 기록했고, 이 기도편지를 받고 하나님께 기도한 후 마음을 주시는 분들은 기쁘게 재정을 흘려보내 달라고 요청했다. 그리고 나는 또 울었다. '하나님! 강력하게 말씀하셔서 있는 그대로 거짓 없이 써서 보냈어요. 그래도 저는 자존심이 상해요.'

"내가 재정보다 크다. 내가 준비해 놓은 재정이 있다. 딸아! 그러니 너는 구걸한 것이 아니다. 너는 나의 사람들을 통해 나의 재정을 흘려보낼 수 있는 통로가 된 것이다!"

하나님의 재정을 하나님이 쓰실 곳에, 하나님의 사람들을 통해 흘려보내시는 것을 알려 주시려 이렇게 하신다는 확실한 마음을 주셨다. 마음이 편해졌다. 그 이후 하나님께서 준비해 두신 하나님의 재정이 우리의 선교사 훈련을 위해 흘러들어왔지만, 아직도 300만 원 정도가 채워지지 않았다. 며칠이 지나고 남편이 학교장으로부터 내일까지라는 최후 통첩을 받고 울면서 강의실로 걸어오고 있었다고 했다. 나보다 더 하나님이 주신 마음을 절실하게 믿고 의지했던 남편이었다. 하나님은 남편도 다루셨다. 남편은 벼랑 끝에 몰려있었다. 5살, 7살의 아들이 있고, 밤낮 울며 하나님과 씨름하는 나를 가장 가까이에서 보고 있었다. 자신의 선택으로 가족들이 고통받고 있다고 생각했던 것 같다. 남편은 엉엉 울며 하늘을 보고 하나님을 원망했다. "하나님! 약속하셨잖아요. 그런데 왜 완전하게 안 채워주세요? 저는 어떻게 해야 해요?" 그런데 그때 하나님께서 "내가 이미 채워놨어!"라 말씀하시는 것 같았다고 했다. 남편은 핸드폰 사용이 제한되어 있던 베이스에서 간사에게 달려가 핸드폰을 확인해 보고 싶다고 말했고, 핸드폰으로 계좌를 확인했다.

계좌에 30만 원이 찍혀있는 것 같았다. '아, 내일까지 채워지겠어? 잠깐만, 일, 십, 백, 천, 만, 십만, 백만?' 계좌에는 30만 원이 아니라 300만 원이 들어와 있었다. 그 시간에 나는 강의실에서 자매들과 웃으며 교제하고 있었는데, 문밖에서부터 "여보! 여보!"하면서 남편이 엉엉 울며 들어오길래 깜짝 놀랐다. 남편에게 왜 그러냐고 무슨 일이냐고 묻자, 남편이 핸드폰을 건네주었다. 우리가 그토록 채워지길 바랐던 재정이 한 치의 오차도 없이 채워진걸 확인했다. 할렐루야! 학교장과 면담하던 그 시간에 입금이 되어 있었다. 우리의 상황을 옆에서 봐 왔던 형제자매들은 하나님께 감사했다.

우리를 책임지시는 하나님

하나님은 자신이 어떤 하나님인지 드러내셨고, 우리가 전심으로 하나님을 찬양하게 하셨다. 하나님께서는 믿을 수 없을 만큼 정확하게 각자를 다루시고, 하나님께 순종하고 하나님을 신뢰하도록 훈련하셨다. 여담이지만, 우리에게 헌금해 주셨던 전도사님은 우리 기도편지를 받고, 편지에 적혀 있는 대로 기도했다고 한다. 그런데 계속해서 헌금하고자 하는 마음이 강력하게 오지 않아 주저하다, 하나님께서 헌금하라는 마음을 강하게 주신 그날 재정을 흘려보냈다. 하나님은 정확한 때에, 우리가 받아야 할 훈련을 받게 하셨다. 이렇게 DTS를 받게 하신 후 우리 가정은 바로 선교지로 나가고 싶었지만 주님의 때가 아직 아니었기에 광주 신안교회에서 7년 간 또 다른 훈련을 받았다.

그 7년 동안 선교에 대한 마음이 식어 선교사로 나갈 수 있는 기회가 주어졌을 때 내 마음은 갈팡질팡했다. 그렇지만 총회 파송 선교사 훈련 과정을 통해 마음속 깊이 묻어두었던 선교 열정을 다시 확인할 수 있었다. 특히 눈물겨운 간증들이 나누어졌던 매일 오후 경건회 시간은 그 어느 때보다 내 마음이 다루어지는 시간이었다.

주님의 사람들이 주님으로 말미암아 이런 간증들을 하게 하심에 감사드린다. 그 무엇보다 위대하시고, 정확하시며, 높으시고, 인자하시며, 사랑이 많으시고, 오래 참아 기다리시며, 긍휼과 자비가 넘치는 섬세하신 분, 그분이 바로 우리 아버지 하나님이라는 사실이 완전하지 않은 이 땅을 딛고 살아가는 우리에게 얼마나 안정감을 주는지! 이런 삶의 과정들 하나하나가 차곡차곡 쌓여 하나님을 더욱 의지하고 믿게 하시니 하나님을 알아가는 과정의 모든 경험이 유익하다고 고백한다.

때로는 하나님보다 문제가 더 크게 느껴지고 사방으로 우겨 싸임을 당하는 것 같은 순간들이 있을지라도, 여전히 우리를 선하게 이끌어가고 책임지시는 하나님을 믿으며 살아가는 우리가 되기를, 육신의 연약함으로 이리저리 흔들릴지라도 우리가 하나님께 깊이 뿌리 박혀 하루하루 자라가기를 기도한다. 이 과정에서 우리를 홀로 두지 않으시고 함께 중보하며 서로 기대어 나갈 수 있는 공동체를 허락하신 하나님께 감사하며, 주님 홀로 영광 받으시기를! 할렐루야!!

길 찾기

캄보디아 선교사 이현명

풀리지 않는 실타래

지금까지 지나온 삶의 단편들을 하나씩 되짚어 본다. 도무지 이유를 알 수 없었던 순간들이 참 많았다. 왜 이런 일이 나에게 일어났는지, 어떤 의미가 있는지 끊임없이 고민하며 답을 찾으려 애썼다. 신학생이 되고 목사가 된 이후에도 마음 한켠에 이 같은 고민은 늘 자리하고 있었다.

목사의 삶을 바쁘게 살아가며 그런 의문들을 하나씩 헤아려 볼 여력조차 없이 시간이 흘러가던 중, 선교사라는 새로운 여정이 내 앞에 열렸다. 당시 나는 선교사의 길을 선택한 이유를 나름대로 설명할 수 있었다. 분명한 소명과 결단이 있었고, 그것에 응답하게 된 과정 또한 있었다.

그런데도 마음 한구석에는 여전히 엉킨 실타래의 한쪽 끝을 찾지 못한 것 같은 미진함이 남아 있었다. 이번에도 풀리지 않은 채 남겨진 물음표처럼, 내 인생의 한 조각은 여전히 답을 기다리고 있었다

이런 상황 속에서 총회 파송 선교훈련에 참여하게 되었다. 이 훈련은 내가 반드시 거쳐야 할 과정이었지만, 동시에 적잖은 부담으로 다가왔다. 세 딸을 포함한 온 가족이 함께해야 했기에 부담감이 컸고, 선교에 대해 문외한이나 다름없는 나의 민낯을 드러내야 한다는 점이 더욱 그러했다.

아직 햇병아리 신학생 시절, 예상치 못한 사역을 시작하며 '전도사님'이라는 호칭을 들었을 때 느꼈던 어색함처럼, 목사안수를 받은 뒤 첫 주일 강대상에 서서 성도들을 위해 축복기도를 드리던 날의 낯섦처럼, '선교사'라는 이름에도 여전히 익숙해지지 않는 거리감이 묻어 있었다.

길은 언제나 낯선 곳에

그렇게 시작된 선교훈련은 나에게 새로운 차원의 경이(驚異)를 선물해 주었다. 선교에 대한 지식이 아니라 사명에 대한 깨달음을 얻었고, 재미를 넘어서는 기쁨과 감동

을 경험했다. 친분으로는 설명할 수 없는 깊은 연대 의식이 우리에게 있었고, 스스로에 대한 자신감보다 서로를 의지하는 믿음이 더 중요하다고 알게 되었다.

이곳에 이런 보화가 숨겨져 있을 줄은 전혀 예상하지 못했다. 그래서 더욱 뜻밖의 선물처럼 느껴진다. 생각해 보면, '길'이란 대개 알지 못하던 곳에서 열리는 법이다. 눈앞에 뚜렷이 보이는 길이라면 굳이 찾아 헤맬 이유가 없을 테니 말이다. 선교의 길에 대해 전혀 알지 못하는 백지 상태였기에, 하나님께서 낯선 이곳에서 그 길을 펼쳐 보여 주신 것이라 믿는다.

먼저 그 길을 걸어간 선배들의 이야기를 들을 때면, 마치 할머니가 들려주시던 먼 나라 이야기처럼 눈을 반짝이며 귀 기울였다. 또 이곳에서 만난 동기들과 나눈 소소한 대화 속에서 막막했던 그 길을 걸어볼 용기가 어디선가 솟아나는 것을 느끼곤 했다. 이렇게 예기치 못한 방식으로, 선교라는 복잡하고 난해한 퍼즐이 하나씩 맞춰지기 시작했다.

되살아나는 기억

이제야 비로소 선교사로서의 나 자신에 대해 의미를

부여하기 시작했다. 어떤 방식으로든 나를 정의해야만 속이 후련할 것 같았다. 신학의 길에 들어선 지 27년, 목사 안수를 받은 지 10년, 파송 교회가 설립된 지 68주년 등, 이런저런 숫자와 의미들을 붙여 보며 스스로를 규정하려 애썼다.

그러던 중 잊고 있던 약속처럼, 오래된 기억의 한 지점이 떠올랐다. 2020년 1월 15일 아침 7시 25분, 나의 하나뿐인 누나가 세상을 떠난 날이다. 그리고 그 이전인 2019년 12월 19일 자정에 도착했던 마지막 문자 한 통. 투병 중 섬망 증상을 겪던 누나가 남긴 그 짧은 메시지, '너 벌칙 받니? 나 때문에?'라는 말이 선명히 떠올랐다. 머릿속 어딘가 깊이 묻혀 있던 기억이었다.

누나는 가족의 자랑이었다. 어려운 형편 속에서도 열심히 공부해 서울의 교대에 입학하고 교사가 되어 집안을 일으켰다. 뒤이어 신학교에 입학한 나를 서울살이 동안 부모님을 대신해 살뜰히 챙겨 주던 사람이기도 했다. 동생이 끼니를 거를까, 옷차림이 초라할까 걱정하던 누나였다. 내가 전도사가 되었다고 하니 자기 일처럼 기뻐하며 없는 형편에서도 양복 한 벌을 해 주던 그런 사람이었다. 신앙에도 열심이었던 누나는 여름방학마다 뜻을 같이하는 기독 교사들과 자녀들을 데리고 선교지에서 여름 캠프를 열며 선교사들을 돕기도 했다.

그런 누나를 하나님께서 갑작스레 데려가셨다. 투병 중 영원한 천국을 소망하자며 기도했고 병상의 고통을 위로했지만, 막상 죽음의 현실 앞에서는 아무것도 준비되어 있지 않았다. 그 슬픔은 너무나 크고 깊어 결국 우리 가족에게는 금기어로, 봉인된 아픈 기억으로 남았다.

하지만 선교훈련을 받는 동안, 묻어 두었던 그 기억들이 생생히 되살아났다. 나의 삶과 목회가 늘 적당히 미지근했던 나를 치열한 고민 속으로 몰아넣고, 선교사로 결단하게 만들었던 전환점이 바로 그 시간이었다는 것을 깨달았다. 하루하루 흘러가는 시간 속에 안주하며 유람하듯 살아갔다면, 결코 하나님의 새로운 부르심에 응답할 수 없었을 것이다. 그리고 오래된 기억 속에서, 누나가 여름 선교로 다녀오던 그 땅이 바로 캄보디아였다는 사실까지 떠올랐다. 우연인 줄 알았던 모든 순간들이, 실은 정교하게 엮여 있던 하나님의 실타래였음을 깨닫게 되었다.

다시 길을 찾아서

이제 나는 그 땅, 캄보디아로 간다. 누나의 유지를 받들고 그녀의 한을 풀어주겠다는 이유에서가 아니다. 수십 년 전처럼, 앞으로도 내게 의문을 품게 할 미지의 사건들이 계속 일어날 것이다. 그 순간마다 당장의 의미를 찾지 못해 고민할 때도 분명 있을 것이다. 그러나 이제 한 가지는 확실히 알게 되었다. 내 삶은 단지 의미 없는 파편들이 아니라, 하나님께서 완성해 가시는 거대한 퍼즐의 한 조각이라는 사실이다. 그리고 풀리지 않을 것만 같은 실타래의 끝도 언제나 하나님의 손에 있다는 것을 확신한다.

캄보디아는 나에게 아직은 희미하고 흐릿하여 잘 보이지 않는 땅이다. 그러나 보이지 않는 그곳 어딘가에 길이 있다. 아직 보이지 않기에 새로운 길이다. 나는 그 길이 어디에 있는지 막연히 헤매지 않을 것이다. 길이 되시는 그분, 예수님을 붙들고 그분을 따라가는 것이야말로 가장 올바른 길을 찾는 방법임을 믿는다. 그분의 인도하심 속에서 길을 발견하고 걸어가리라.

너희가 즐겨 순종하면
땅의 아름다운 소산을 먹을것이요
(사 1:19)

캄보디아 선교사 권찬미

순종, 하나님에 대한 나의 사랑 고백

결혼 후 직장과 교회 사역을 모두 내려놓고 아이들을 키우며 사모로서의 삶에 전념했다. 남편과 목회 비전에 대해 이야기를 나눌 때마다 남편은 선교에 대한 생각은 전혀 없다고 하며 가볍게 넘기곤 했다. 그래서 우리 가정이 선교 사역을 맡게 될 것이라고는 상상조차 하지 못했다. 나는 남편의 사역 방향에 대해 기도하며 전혀 다른 길을 준비하고 있었다.

막내아이가 어린이집에 다니고, 큰아이가 학교에 잘 적응하면서 내 삶에도 주도권을 갖게 되는 시기가 찾아왔다. 안정된 환경 속에서 비전을 품고 기도하며 소소하게 일을 시작하고 감사한 일상을 살아가고 있었다. 그런데 어느 날, 남편이 '선교'라는 단어를 진지하게 고민하며 기도하기 시작했다. 그 상황은 나를 혼란스럽게 만들었고 너무나 힘들게 했다. 지금의 상황도 하나님께서 주신 은혜라 여기며 감사하게 살아가고 있었는데, 왜 갑자기 이 모든 것을 멈추고 내려놓으라고 하시는지 이해할 수 없었다. 매일 밤낮으로 기도하며 하나님께 항의했다.

그러면서도 만약 정말 가야 한다면 하나님께서 나에게도 분명한 음성과 비전을 주시기를 간절히 기도했다. 그전까지 나는 남편이 목회지를 결정할 때 존중하며 따르는 수동적인 태도를 보였지만, 선교는 그런 방식으로 결정할 수 없다고 생각했다. 나에게도 분명한 소명과 확신이 있어야 움직일 수 있을 것 같아 하나님께 매달렸다.

그때 하나님은 아브라함이 이삭을 제물로 바친 사건을 떠오르게 하셨다. 아브라함이 간절히 기도하며 받은 아들 이삭을 바치라는 하나님의 명령에 순종했던 믿음을 보게 하셨다. 그리고 하나님께서는 선교가 내 삶에서 그분을 향한 온전하고 순전한 사랑의 고백이 되기를 원하신다는 것을 깨닫게 하셨다. 베드로가 예수님을 세 번 부인했지만, 다시 세 번 사랑을 고백할 기회를 주셨던 것처럼, 죄

많은 내 삶에도 하나님께 사랑을 고백할 기회를 주신 것을 깨달았다.

그렇게 시작된 여정은 반항과 의문으로 가득했지만, 지금까지 걸어온 길을 돌아보니 하나님의 은혜와 인도하심이 있었음을 고백하지 않을 수 없다. 선교에 대해 경험도 지식도 부족하고, 세 아이와 함께 타지에서 새롭게 적응해야 한다는 현실은 여전히 두렵고 걱정스럽다. 하지만 하나님께서는 우리가 기도하며 준비하고 겪는 모든 과정을 은혜로 채워 주시고 감사로 고백할 수 있게 하신다. 나는 나의 연약함에도 불구하고 일하시고 함께하시는 하나님을 높이며, 그분의 은혜를 따라 순종하며 나아간다.

하나님 앞에서 빛날 우리의 이름

결혼 전 나는 교회 장애인 부서에서 8년을 섬겼다. 수능을 마친 19살 겨울, 주일 봉사를 시작으로 장애인 친구들과 함께하는 시간이 즐거워 토요일에도 교회를 찾았고, 사역이 점점 내 삶의 중심이 되었다. 방학 동안에는 여름 사역에 매진하며 교회에서 거의 살다시피 했다. 취업을 결정할 시기에는 당시 장애인 부서를 맡고 계시던 사역자와 상의한 끝에 교회 부설 사회복지기관에서 일하기로 했다. 전공도 사회복지가 아니었고 경험도 부족했지만, 그저 몸으로 부딪치며 사역하는 것이 행복했다. 그리고 그곳에서 지금의 남편을 만났다.

남편 역시 장애인 부서에서 즐겁게 사역하고 있었기 때문에, 우리는 이 사역이 평생의 비전이라고 여겼다. 장애인 사역의 특성상 다른 사역지로 옮길 일은 없을 것이라고 생각했다. 하지만 남편이 새로운 사역지로 옮기면서 교구 사역을 맡게 되었고, 나는 언젠가 우리 가족이 다시 장애인 사역으로 돌아갈 것이라는 막연한 기대를 품고 있었다.

그러던 중 남편이 선교에 대한 비전을 이야기하기 시작했다. 나는 선교로 인해 장애인 사역의 꿈을 완전히 내려놓아야 한다고 생각하며 마음 한켠이 무거웠다. 그러다 8년 만에 내가 섬겼던 장애인 부서를 방문할 기회가 생겼다. 그리웠던 장애인분들과 함께 주일 예배를 드리고, 어제 만난 것처럼 반갑게 인사를 나누었다. 특히, 한 시각장애인 성도께서 내 목소리를 듣자마자 "권찬미 선생님!"이라고 불러주셨다. 8년 만에 만났음에도 내 이름과 목소리를 기억해 주신 그 순간, 내 마음은 벅차오르는 은혜로 가득 찼다.

이 일을 통해 장애인 사역에 대한 교만과 집착을 내려놓게 되었다. 내가 했던 모든 일은 하나님께서 행하신 큰 그림 속의 작은 부분이었음을 깨달았다. 하나님께서는 여전히 그곳에서 일하고 계셨고, 나를 비롯한 많은 사람들을 통해 하나님의 역사를 이어가고 계셨다.

앞으로의 선교 사역에서도 나는 하나님의 큰일 가운데 작은 도구로서 순종하며, 최선을 다해 사랑하며 살아가기로 다짐한다. 소박한 마음으로, 함께하는 마음으로, 낮아지고 겸손한 태도로 하나님께서 맡기신 사역에 충실하게 살아갈 것이다.

믿음으로 나아가는
주님의 부르심과 보내심

말레이시아 선교사 전민재

나의 선교, 나의 꿈

"사람이 사람을 만나면 역사가 이루어지고, 사람이 하나님을 만나면 기적이 이루어진다."

부족한 저에게 하나님의 사랑을 알게 하시고, 그 사랑을 전하는 자로 부르신 주님께 찬양과 감사를 드립니다. 목회자로서의 부르심을 확신한 이후, 제 마음에는 늘 '선교는 구원받은 자들이 하나님의 은혜에 보답하는 축복의 통로'라는 생각이 자리 잡고 있었습니다.

저는 어릴 적 미자립 시골교회에서 신앙생활을 했기에 단기선교를 다녀올 기회가 많지 않았습니다. 그래서 학창시절, 친구들이 단기선교를 다녀오는 모습을 보면 무척 부러웠습니다. '그들이 선교를 통해 경험한 하나님은 어떤 분일까? 그들이 만난 영혼들을 통해 하나님 나라는 이 땅 가운데 어떻게 이루어질까?' 이런 질문들은 제 마음에 선교에 대한 열망과 호기심을 품게 했습니다.

27살에 신학대학원에 입학한 저는 견습 신교사 제도에 대해 알고 있었습니다. 이 제도는 학기마다 약 2.2%의 학생(학부와 신학대학원 재학생 900명 중 약 20명)을 선발하여, 1년간 총회 파송 선교사들과 함께 생활하며 타문화 적응 능력과 선교적 시야를 키우는 훈련을 제공합니다. 저는 여기에 지원해 지구 반대편 남미의 파라과이에서 1년간의 선교훈련을 받았습니다.

그곳에서 저는 매일 치열한 현실적 문제, 현지인들과의 갈등, 후원 교회와의 관계, 그리고 은퇴를 준비하며 미래를 고민하는 시니어 선교사들의 모습을 가까이에서 지켜보며 그들의 어려움을 이해하게 되었습니다. 무엇보다도, 선교사에게 가장 필요한 것은 어떤 상황에서도 영혼을 품을 수 있는 넉넉한 마음과 따뜻한 사랑임을 깊이 깨달았습니다. 그 경험은 제 마음에 새로운 소망을 심어 주었습니다. 언젠가 하나님께서 저를 다시 선교의 현장으로 부르실 때, 이번에는 더 준비된 일꾼으로 순종하겠다는 다짐을 하게 되었습니다.

준비된 교회와의 만남

한국으로 돌아온 후, 사역과 학업에 전념하며 신학대학원 과정을 마쳤고, 이후 서울과 경기도 성남에서 주님의 일을 감당하였습니다. 한국에서의 사역 초기에 가졌던 1년간의 견습 선교사 경험은 저에게 귀한 자양분이 되었습니다. 주님의 돌봄과 성도들의 사랑 속에서 목회자로 성장했고, 37살이라는 늦은 나이에 주님께서 예비하신 배필을 만나 결혼하게 되었습니다. 결혼 후, 하나님께서 귀한 생명을 허락하셔서 행복한 날들이 이어졌습니다. 이렇게 처음 가정을 꾸린 곳에서 계속 살며 사역하기를 바랐지만, 주님의 뜻은 달랐습니다. 아쉬운 마음을 뒤로하고, 아무 연고도 없는 군산으로 임지를 옮기게 되었습니다.

제가 섬기게 된 교회는 해외 7개 교회와 국내 7개 교회를 개척하는 비전을 품고, 오랜 시간 동안 많은 선교사와 선교지를 위해 기도와 물질로 헌신하며 교회의 선교 사명을 감당해 온 곳이었습니다. 이 교회는 이제 하나님께서 허락하신 준비된 선교사를 파송해야 할 때라고 결의하며, 성도들과 공동의회와 제직회를 통해 이 비전을 공유했습니다. 교회는 오래전부터 적립된 선교 헌금을 기반으로 해외 선교센터를 세워 하나님 나라를 확장하는 첫걸음을 준비하고 있었습니다.

기도 가운데, 교회는 말레이시아를 선교지로 정했고, 담임 목사님은 부목사 중 한 명을 첫 번째 파송 선교사로 세우기를 원하셨습니다. 당시 교회에는 저를 포함해 5명의 부목사가 있었지만, 선교에 대한 확고한 비전을 가진 사람은 없었습니다. 저는 그 첫 번째 파송 선교사가 되기를 소망했고, 이러한 마음을 아내에게 전했습니다.

사실 저는 교회 부목사 청빙 공고에서 '선교에 비전이 있는 자를 우선순위로 한다'는 조건을 보고 지원한 만큼, 제 마음속에는 이미 선교에 대한 사명이 자리 잡고 있었습니다. 아내 역시 이 상황에 거부감이 없었고, 오히려 새롭게 열릴 미래를 기대하는 모습을 보였습니다. 1년후, 담임 목사님이 제게 선교에 대한 비전이 있냐고 물으셨을 때, 저는 확고히 그렇다고 답했습니다. 그리고 아내가 선교사로 파송되는 것에 부담이 없다면 함께 순종하겠다고 말씀드렸습니다. 아내도 주저하지 않고, 새로운 인생 2막의 여정을 함께하겠다고 응답해 주었습니다.

준비 되어가는 우리 가정

담임목사님께 선교사로 파송받고 싶다는 뜻을 다시 한번 말씀드렸습니다. 교회에서는 3년의 사역 기간을 채운 후 파송하겠다고 하셨습니다. 모든 과정이 순탄하게만 흘러갈 것이라 기대했지만, 현실은 예상과 달랐습니다.

2022년 2월에 태어난 아들을 홀로 돌보던 아내는 점점 육아 스트레스로 지쳐가고 있었습니다. 게다가 총회 파송 선교사가 되기 위해서는 1단계 세계 총회 선교대학 이수와 2단계 4주 합숙 훈련을 이수해야 한다는 사실을 알게 되었습니다. 훈련에 제출할 각종 서류와 준비 과정도 많아 스스로도 벅차게 느꼈는데, 육아를 병행하던 아내에게는 더욱 감당하기 어려운 과제였습니다.

아내의 불평과 원망은 날로 커져갔습니다. 결혼 전, 아내는 하나님을 위해 부르심이 있다면 무엇이든 감당할 준비가 되어 있다고 고백했었기에 저는 더욱 혼란스러웠습니다. 그러나 시간이 흐르면서 저와 아내의 준비 상태가 다르다는 사실을 깨닫게 되었습니다. 이 길을 함께 가기로 한 약속과 사명을 붙잡으려 노력했지만, 고민은 점점 깊어져 갔습니다. .

그렇게 불편한 상황 속에서 총회 파송 선교훈련에 입소했습니다. 월요일부터 금요일까지 하루 12시간 이상 빡빡한 일정과 매주 제출해야 하는 과제들이 있었습니다. 훈련 중 다른 가정들은 모든 것이 순조로운 듯 보였지만, 아내는 선교지에서의 현실적인 어려움을 두려움으로 느끼기 시작했습니다. 훈련이 끝난 금요일 저녁에는 3시간을 운전해 군산으로 내려가 주일 사역을 감당했고, 다시 원주로 돌아오는 강행군 속에서 체력적 한계도 느껴졌습니다. 서로에게 불평과 짜증이 쌓였던 훈련 초기였습니다.

2주 차가 시작되며 훈련원장님은 아내의 사명에 대해 집요하게 질문하셨고, 선교사로서의 정체성과 확신이 없으면 최종 인선 과정에서 어려움을 겪을 수 있다고 하셨습니다. 이에 아내는 훈련을 중단할 명분이 생겼다며 저에게 더 기도하라고 했습니다. 화가 나기도 했지만, 원장님의 말씀에 순종하며 훈련 기간 동안 아내의 과제를 돕고 육아를 전담했습니다.

27개월 된 아들은 낯가림이 심해 처음에는 쉽게 마음을 열지 못했지만, 시간이 지나면서 MK(Missionary Kid)형, 누나들과 놀며 활짝 웃는 모습을 보였습니다. 아내역시 점차 마음을 열기 시작했습니다. 매일 사도행전 본문 묵상과 나눔 속에서 주님의 뜻을 깨닫게 되었고, 선교사 후보생 가정들과의 교제를 통해 현실적 고민들을 나누며 위로를 받았습니다. 오후 경건회 시간, 후보생들의 간증은 강의실을 눈물바다로 만들었고, 아내 역시 하나님의 역사하심을 들으며 눈물을 흘렸습니다.

훈련 마지막 날, 아내는 사도행전 20장 24절의 **"내가 달려갈 길과 주 예수께 받은 사명 곧 하나님의 은혜의 복음을 증언하는 일을 마치려 함에는 나의 생명조차 조금도 귀한 것으로 여기지 아니하노라"**는 말씀을 통해 자신의 부르심을 확신하게 되었습니다. 주님께서 아내의 마음을 움직이시는 모습을 보며 저도 함께 감사드렸습니다. 힘든 과정을 지나며 우리는 다시 한번 하나님께서 우리 가정을 선교로 부르셨다는 확신을 얻게 되었습니다.

더욱 간절한 기도로

주님의 은혜로 최종 인선을 통과하게 되었습니다. 처음에는 이 모든 과정이 단순히 형식적인 절차라고 생각했지만, 주님께서는 저의 안일한 마음을 깨뜨리시고, 기도로 더욱 철저히 준비하도록 연단의 시간을 허락하셨다는 것을 깨닫게 되었습니다.

훈련 과정에서 열다섯 가정이라는 귀한 동역자들과 만나게 하신 주님께 감사드립니다. 또한, 훌륭한 은사(恩師)들을 통해 많은 가르침을 받을 수 있었던 것도 큰 은혜였습니다.

이제 선교지로 파송되기까지 우리 가정에는 아직 1년의 시간이 남아 있습니다. 그동안 기도로 더욱 준비하며, 하나님의 뜻을 구하는 겸손한 일꾼이 되기를 다짐합니다. 아내와 한마음이 되어 각자의 소명을 사랑하며 걸어갈 것입니다. 훈련에 함께했던 모든 선교사들을 진심으로 사랑하고 축복합니다.

물음표를
느낌표로 바꾸기까지

말레이시아 선교사 이보라

어느 날 갑자기 선교라니?

여느 때와 같이 평범했던 어느 날, 퇴근한 남편이 나에게 물었다. "여보, 우리에게 선교할 기회가 주어진다면 나가는 것을 어떻게 생각해요?" 나는 별생각 없이 "해외 나가서 살면 좋을 거 같은데요? 언제 그런 경험을 해보겠어요."라고 해맑게 대답했다. 그때 불현듯 연애할 때 신학대학원 시절 파라과이로 1년간 견습 선교 다녀온 이야기를 반짝거리는 눈망울로 이야기 해주던 남편이 떠올랐다. 무슨 일로 이런 질문을 하느냐고 묻자 남편이 대답하길, 담임목사님이 부교역자를 한 명씩 불러 선교에 대한 비전이 있는지 물으셨다고 했다. 남편만 선교 비전이 있다고 대답하고, 나머지 부목사 4분은 아니라고 대답했다 했다. 담임목사님은 아내와 대화 후에 다시 한번 대답 해달라고 하셨다고 한다. 나의 대답을 긍정적으로 받아들인 남편은 다음 날 목사님과 면담을 가졌고, 나는 그날 이후에도 '에이 설마 진짜 선교를 나가게 되겠어?' 하는 마음으로 별로 신경 쓰지 않고 지냈다. 이 글을 적으며 회상해 보니 그게 벌써 2년 전 일이었다. 그만큼 나는 그 일을 잊고 살았다.

선교는 나의 이야기가 아니었다

우리의 이야기는 이렇다. 매일 새벽 배우자 기도를 하던 중 50일 째 되던 2020년 11월, 운명처럼 기막힌 타이밍에 지금의 남편을 소개로 만났다. 나의 기도에 응답해 주신 하나님의 뜻이라 확신했고 6개월 간의 장거리 연애 끝에 결혼했다. 감사하게 바로 임신했고, 10개월의 달콤한 신혼생활을 끝내고 출산과 동시에 전쟁과도 같은 육아에 돌입했다. 군산에는 조리원이 없어 1시간 거리인 전주로 나가야 하는데 그것이 나에게는 사치같았다. 군산 병원 신생아 면회실에서 작디작은 아기가 플라스틱 통 안에서 하얀 형광등만 바라보고 누워있는 모습을 보니 너무 마음이 아파 입원 연장을 취소하고, 출산 후 3일 되는 날 아기와 함께 퇴원해 집에 왔다. 시댁과 친정에 육아 도움을 받을 수 없는 상황이었지만, 나는 내 손으로 직접 아기를 키울 수 있다는 것이 기뻤다. 그렇게 기쁨과 감사함으로 육아를 시작하였지만, 현실은 녹록하지 않았다.

밤에 잠 한숨 편히 잘 수 없었고, 내 상태와 감정을 헤아려 주지 않는 것 같은 남편과 함께하며 나 홀로 눈물로 지새웠던 신생아 시절부터 자기주장이 강해져만 가는 28개월 육아를 진행 중인 나로서는 선교하겠다고 하는 남편이 무척이나 미덥지 않고 답답했다. 나는 남편과 선교에 대해 진지하게 대화를 나누어 본 적도 없고, 남편이 자신의 비전이나 고민을 나에게 다 보여준 적도 없다고 생각하고 있었다.

그러던 중 올해 초 교회에서 말레이시아에 비전센터 건축을 위해 대지를 매입하였다는 소식을 들었고, 남편이 그곳으로 가게될 터였다. 사모인 나는 1단계 교육과정인 총회 세계 선교 대학을 이수해야 한다고 했다. 우리는 급하게 군산과 가까운 곳에서 실시하는 과정을 알아보았고 전주 한일장신대에서 매주 목요일 저녁에 진행되는 12주 과정을 신청해 교육을 수료하였다. 24개월 아기를 데리고 소화하기에는 절대 쉽지 않은 교육이었다. 그 후로도 건강검진, 심리검사, 서류 준비, 면접 등 해야 할 것이 많았다. 내가 가자고 한 것도 아닌데 왜 이걸 하며 스트레스 받아야 하는지 불평과 불만으로 가득했다. 그렇게 3, 4월을 보내고, 5월 16일부터 6월 12일까지 강원도 원주에서 가족 모두 선교훈련 합숙을 해야 한다는 이야기를 듣자, 아버지가 돌아가시고 혼자 계시는 연로하신 어머니 걱정, 다른 문화에서 자랄 자녀 걱정, 아는 사람 하나 없는 곳에 가서 살게 될 수도 있다는 걱정에 '아 이러다가 진짜 선교사가 되면 어쩌지?'하는 두려움과 불안이 엄습하기 시작했다.

혼돈의 훈련이 실전의 출발점으로

우리 부부는 서로의 생각과 감정의 골을 해결하지 못한 채 선교훈련을 시작했다. 당연하게도 준비하는 과정부터 훈련에 임하는 동안에도 제대로 집중할 수 없었다. 선교훈련 첫 번째 주는 남편은 편하게 강의 듣고, 나는 강의실 밖에서 '또 육아의 연장선이구나!'하고 생각했다. 그렇게 2 주차 훈련을 위해 주일 사역을 마치고 3시간 반을 달려 다시 수양관에 도착하자마자, 훈련원장님의 호출

이 있었다. 자리에 앉자마자 원장님이 "사모님, 지금 남편에게 끌려가시는 거예요? 사모님은 선교에 대한 확실한 부르심을 받으셨나요?"하고 질문하셨다. 그 말을 듣자마자 '드디어 하나님께서 내 기도를 들으셨구나!'하며 눈물이 쏟아졌다. 부끄럽지만 솔직하게 나의 마음 상태를 고백하였고, 원장님은 남은 훈련 기간 동안 반드시 하나님께 부르심의 확신을 받아야 한다고 권면하셨다. 더불어 남편에게 신학을 하지 않은 아내가 강의에 집중할 수 있도록 육아를 전담해달라고 당부하였다. 그렇게 2주 차 훈련부터 남편은 당부에 따라 내가 강의에 집중할 수 있도록 아들을 돌봤고, 우리 두 사람은 많은 시간을 함께 보내게 되었다.

매일 아침 사도행전 말씀 묵상과 나눔 시간, 저녁 경건회 시간을 통해 나의 불평과 불만은 감사와 회개로 변하게 되었고, 매시간 이어지는 강의는 깊은 울림과 감동을 주었다. 어느 하나 빠짐없이 꼭 필요하고 유익한 시간들이었다.

그렇게 감사한 일정 가운데에서도 그때마다 풀리지 않는 답답한 마음이 있었는데 하나님께서는 그때마다 갈급함을 채워주셨다. 훈련 중에도 계속되는 육아 속에서 다른 가정들과 이야기하고 마음을 나눌 수 있도록 식사 짝꿍과 3끼의 식탁교제를 나누게 하셨다. 선교에 대한 불안한 마음과 남편을 향한 답답한 마음이 들던 날에는 온현정 선교사님을, 다른 문화와 언어에 혼란을 겪을 자녀에 대한 염려가 들던 날에는 김경완 선교사님을, 친구에게 내 마음 툭 터놓고 이야기하고 싶은 날에는 김보연 선교사님을 밥 친구로 만나게 하셔서 나의 물음표를 느낌표로 바뀌게 하셨다. 또한 낮가림이 심한 아들이 교수 선교사님들, 함께 훈련받는 훈련생들, 그리고 MK의 진심 어린 사랑과 관심을 통해 변화하는 모습을 보고 깊은 감사와 찬양이 절로 나왔다.

마침내 받은 선교사의 소명

그렇게 4주가 흘렀고, 하나님은 훈련 마지막 날 아침 묵상 본문 사도행전 20장 17절에서 35절을 통해 나에게 말씀하셨다.

"내가 달려갈 길과 주 예수께 받은 사명 곧 하나님의 은혜의 복음을 증거하는 일을 마치려 함에는 나의 생명조차 조금도 귀한 것으로 여기지 아니하노라"(행 20:24)

이 말씀을 읽는 순간 하나님을 인격적으로 처음 만났었던 중학교 3학년 때의 '생명도 아끼지 않고 나의 사명을 감당하겠나이다'라는 고백과 아들을 임신하고 출산하며 매 순간 되새겼던 나의 다짐들이 떠오르며 회개와 감사의 눈물을 흘렸다.

글재주 없는 나의 이야기를 누군가가 읽는다는 것이 부담스러워 훈련생 간증문을 쓰는 것이 어려웠다. 그러나 김상길 선교사님의 카자흐스탄 강의 중 "선교사는 성공과 실패를 만드는(따지는) 사람이 아니고 (성공 사례든, 실패 사례든) 사례를 만드는 자"라는 가르침을 따라, 나의 글도 누군가에게 하나의 사례로 남겨지길 바라며 부족하지만 용기를 내어 기록한다.

끝으로 존경하는 정균오 원장님, 늘 따뜻한 미소로 반겨주신 연성숙 선교사님, 우리 이수를 사랑으로 돌봐주신 김종우 선교사님, 달콤한 유머로 훈련 내내 함께 해주신 임채정 선교사님, 열정 넘치는 강의로 깊은 울림을 주신 조해룡 교수님, 그리고 MK 친구들에게 깊은 감사를 드린다. 그리고 나의 불평을 감사로 바꾸신 하나님을 진심으로 찬양하며 모든 영광 올려드린다.

비움과 채움

몽골 선교사 주솔

채우려고 했던 노력

막연히 선교사의 삶을 그리며 기도하던 중, 총회 세계선교부의 선교훈련 공지를 접했습니다. 서둘러 지원을 준비했지만, 당시 부목사로 사역 중이었기에 훈련 기간 동안 제 역할을 대신할 목회자가 필요했습니다. 이러한 상황은 저에게 적잖은 부담이 되었지만, 담임목사님과 당회, 그리고 동료 목회자들이 마음을 모아 응원해 주셨고, 훈련에 전념할 수 있도록 환경을 마련해 주셨습니다.

선교훈련이 시작되면서 우리 가족 모두 훈련에 참여하게 되었습니다. 처음에는 모든 것이 낯설고 어색했지만, 시간이 흐르며 동기들 사이에 동료애가 싹트기 시작했고, 분위기도 점점 따뜻해져 갔습니다. 훈련 중 자기소개 시간이 있었는데, 이 과정에서 서로의 사역 비전을 나누며 동기들의 열정과 준비성을 엿볼 수 있었습니다. 특히 이미 선교지에서 5년 이상 사역하며 경험을 쌓은 선교사 가정도 여러 팀 있었고, 그들의 이야기에는 깊이와 구체적인 계획이 담겨 있었습니다.

반면, 저는 선교 계획이 아직 뚜렷하지 않았습니다. 사역할 교회가 준비된 것도 아니었고, 협력할 구체적인 선교 사역도 없었습니다. 제가 가진 것은 오직 몽골에서 평신도 선교사로 보낸 5년이라는 경험뿐이었습니다. 머릿속으로는 다양한 사역을 그려 보았지만, 무엇 하나 구체화되지 않았습니다. 무엇을, 어떻게 해야 할지 고민이 깊어졌습니다. '비전 검증문'을 준비하며 아내와 함께 사역 이야기를 나누었지만, 점점 더 혼란에 빠져들기만 했습니다.

훈련이 3주 차에 접어들면서 동기들과의 관계는 더욱 친밀해졌지만, 제출해야 할 '비전 검증문'의 핵심 사역 내용은 여전히 비어 있었습니다. 이상적인 계획은 머릿속에 있었지만, 이를 구체적인 사역으로 옮기기에는 많은 어려움이 따랐습니다. 내가 그리고 있는 사역이 과연 하나님이 기뻐하시는 일인지, 혹시 선교지의 선임 선교사들에게 불편을 주게 되지는 않을지 고민이 꼬리에 꼬리를 물었습니다.

하나님의 아픈 손가락

매일 저녁 경건회에서는 개인 간증과 기도 제목을 나누는 시간이 있었습니다. 동기들의 간증을 통해 큰 은혜를 받기도 했고, 깊은 도전을 받기도 했습니다. 그런데 어느 순간, 제 마음에 이런 질문이 찾아왔습니다. "너는 몽골을 사랑하니?"왜 하나님께서 갑자기 이런 질문을 떠올리게 하셨을까요?

그날 오후, 오래된 대학 동창으로부터 페이스북 메시지가 도착했습니다. 저는 몽골에서 대학을 다녔는데, 졸업한 지 10년 만에 처음 받은 연락이었습니다. 친구의 소식은 간간이 페이스북을 통해 접하고 있었고, 현재 호주에서 잘 지내고 있는 줄로만 알고 있었습니다. 그런데 친구는 어렵게 이야기를 꺼냈습니다. 2년 전, 뇌출혈로 큰 수술을 받았고, 그때 수술비로 저축했던 돈을 모두 사용했다고 했습니다. 그런데 이번에 다시 재수술이 필요했으며, 비용이 400만 원이나 된다는 것이었습니다. 남아 있던 돈마저 비자 연장을 위해 사용해야 했고, 월세조차 낼 수 없는 상황이라 곧 집을 비워야 한다는 이야기도 덧붙였습니다. 친구는 자신의 머리 수술 사진을 첨부해 보냈는데, 그 모습이 정말 심각해 보였습니다.

그 메시지를 읽는 순간, 제 마음에 질문이 쏟아졌습니

다. "주님, 왜 지금 이 타이밍에 이런 연락을 받게 하십니까?" 잠시 기도한 후, 친구의 이야기를 끝까지 들었습니다. 친구는 병원에 2주간 입원한 뒤 퇴원해 일을 시작하면, 2주마다 받는 급여로 빚을 분할 상환하겠다고 했습니다. 저는 친구에게 최선을 다해 알아보겠다고 약속한 뒤 아내와 상의했습니다. 하지만 우리 형편 역시 여유롭지 않았습니다. 그 큰돈을 우리가 감당할 수 있을지 고민이 많았습니다. 동시에, "우리가 꼭 도와야 하는 걸까?" 하는 의문도 생겼습니다. 마음이 복잡했습니다. "하나님, 왜 제게 이 이야기를 듣게 하셨나요? 제게 말씀하고 싶으신 뜻이 무엇인가요?"

고심 끝에, 아내와 함께 결정했습니다. 빌려주는 것이 아닌, 우리의 형편에서 나눌 수 있는 금액을 보내기로 했습니다. 그리고 이번에는 금전적으로만 돕는 것에 그쳤지만, 다음에는 반드시 복음도 함께 전하겠다고 다짐했습니다. 그 뒤로도 친구의 모습이 머릿속에서 떠나지 않았습니다. 하나님께서 제게 말씀하시는 것 같았습니다. "그 친구는 내 아픈 손가락이다." 그리고 또 이런 메시지를 제 마음에 심어 주시는 것 같았습니다. "그는 내가 사랑하는 아들이다. 그래서 내가 너에게 보내주었다."

몽골에 가는 이유

문득 요한복음 21장에서 예수님께서 베드로를 찾아가 물으셨던 말씀이 떠올랐습니다. 예수님을 결코 배반하지 않겠다고 장담했던 베드로는, 어린 여종 앞에서조차 세 번이나 예수님을 모른다고 부인하며 저주했습니다. 그 순간, "오늘 밤 닭 울기 전에 네가 세 번 나를 부인하리라"는 예수님의 말씀이 생각났을 베드로는 완전히 무너졌을 것입니다. 하지만 그런 베드로를 예수님께서는 찾아가 물으셨습니다. "네가 나를 사랑하느냐?" 베드로는 부끄럽고 부족한 자신을 돌아보며 대답했습니다. "내가 주님을 사랑합니다." 그러자 예수님께서는 말씀하셨습니다. "내 양을 먹이라, 내 양을 치라."

그 장면이 떠오르는 순간, 주님께서 제게도 같은 질문을 하시는 것 같았습니다. "네가 나를 사랑하느냐? 내가 사랑하는 몽골의 영혼들을 네가 사랑하느냐?" 한동안 아무 생각도 할 수 없었습니다. 저는 그동안 "몽골에서 어떤 사역을 해야 할까?"라는 고민에만 갇혀 있었고, 그 과정에서 제가 놓치고 있던 중요한 것을 깨달았습니다. 선교사로 몽골에 가는 이유가 무엇인가? 내가 내 사역을 하러 가는 것인가?

저는 멋진 결과물을 만들어야 한다는 생각과, 모두에게 인정받는 사역 계획에만 몰두해 있었습니다. 하지만 주님께서는 그 모든 것을 내려놓게 하시며 제게 다시 물으시는 것 같았습니다. "네가 나를 사랑하느냐?" 그리고 마침내 고백할 수 있었습니다. "네, 주님. 제가 주님을 사랑합니다. 그리고 주님께서도 제가 주님을 사랑하는 줄 아십니다." 그때 저는 깨달았습니다. 주님께서 이 사역을 제게 맡겨주셨음을, 이 일이 주님의 뜻 안에 있음을 말입니다.

총회 파송 선교사 훈련을 통해 비움과 채움의 과정을 경험했습니다. 제 안에 가득했던 껍데기와 무익한 것들을 보게 하셨고, 그것들이 비워질 때 비로소 예수님으로 가득 채워진다는 것을 깨닫게 하셨습니다. 저는 몽골에 사역하러 가는 것이 아니라 사랑하러 갑니다. 예수님을 사랑하기에, 예수님께서 사랑하신 모든 것을 사랑하러 갑니다. 예수님께서는 "내 양을 먹이라" 말씀하셨습니다. 저는 그 말씀에 순종하여 예수님의 제자로서 또 다른 제자를 세우고, 함께 예수님의 제자로 살아가기 위해 몽골로 갑니다.

꿈꾸는 사람

몽골 선교사 김수연

나만의 꿈을 그려보다

며칠 전, 한 개그맨의 인터뷰 영상을 보았다. "어릴 적부터 개그맨이 꿈이었나요? 언제부터 개그맨이 되기를 꿈꿨나요?"라는 질문에 그는 웃음을 주는 것을 좋아했지만, 자신의 꿈을 개그맨이라고 밝히기엔 부끄러웠다고 했다. 사람들을 웃기는 건 좋았지만, 무대 위에서 웃기는 일에는 두려움이 있었다고 한다. 어느 날, 장래 희망을 적는 종이가 돌았는데, 자신의 차례에 '개그맨'이라는 세 글자를 쓰지 못하고 빈칸으로 넘겨버렸다. 하지만 다시 기회가 오면 꼭 개그맨이라고 적겠다고 다짐하며 종이가 돌아오기를 기다렸다고 했다. 그런데 놀랍게도, 다시 받은 종이에는 누군가가 그의 이름 옆에 '개그맨'이라고 적어놓았다고 한다. 그 일이 그에게 큰 용기를 주었고, 개그맨이라는 꿈을 향해 나아가는 계기가 되었다는 일화를 들려주었다. 그는 꿈을 꾸는 것만큼이나 그 꿈을 응원하고 지지해 주는 사람이 있다는 것이 얼마나 중요한지 깨달았다고 했다.

어릴 적, 누구나 꿈을 꾼다. "장래 희망이 뭐니?", "꿈이 뭐야?"라는 질문은 말을 막 배우기 시작한 어린아이에게도 흔히 던지는 질문이다. 어린 시절의 나는 '선생님이 되겠다', '건축가가 되겠다', '의사가 되겠다', '교수가 되겠다'는 등의 막연한 이야기를 하곤 했다. 하지만 시간이 지나며 그것들은 단지 직업일 뿐, 내가 진정으로 꾸는 꿈이 아니라는 걸 깨달았다. 그 후, 꿈에 대해 깊이 고민했다. 나는 어떤 사람이 되고 싶은지, 내가 정말 하고 싶은 일이 무엇인지 오랜 시간 생각하고 또 생각했다.

세계 속의 나

오랜 고민 끝에 나만의 꿈을 결정했다. 죽기 전에 전 세계를 밟아보는 것. 꿈꾸던 직업인 교수로 강의를 하고, 교회에서 배운 모든 것을 가지고 선교 여행을 가고, 쉼과 힐링을 위한 여행을 떠나고, 어떠한 이유에서든 하나님이 창조하신 전 세계를 직접 발로 걸어보겠다는 꿈이 생겼다. 결혼할 때도 그 꿈을 함께 이룰 수 있는 사람과의 여정이 더 쉬워질 것이라는 생각이 컸다.

남편과 사귀기 시작하며 우리는 결혼 후 선교지로 떠나겠다는 계획을 세웠다. 선교지에서 만난 우리였기에 선교 현장이 낯설거나 두렵지 않았다. 하지만 결혼 후 정신없는 일상 속에서 다 잊고 지내던 어느 날, 남편이 "선교 가자!"라고 했다. 나는 "그래, 좋아!"라고 답했지만 사실 마음 한편으론 막연했다. 그래도 흔쾌히 대답할 수 있었던 건 몽골이 익숙하고 두렵지 않은 곳이기 때문이다.

몽골에서의 1년은 내 삶에 있어 안식년처럼 자유로운 시간이었다. 다시 그곳에 가는 일이 기대되었고, 새로운 모험이 설레기 시작했다.

선교훈련 속의 나

선교훈련을 시작하기 전부터 일정 조율과 준비로 인해 몸과 마음이 이미 지쳐 있었다. 훈련에 대한 기대나 설렘도 없었다. 그저 선교사 파송을 위한 한 단계로 생각하며 잘 버텨내자는 마음뿐이었다.

훈련은 시작부터 호락호락하지 않았다. 다양한 사람들과의 만남 속에서 "과연 내가 선교를 잘할 수 있을까?"

라는 의문이 계속 떠올랐다. 동기들은 구체적인 사역 계획이나, 하나님께 받은 말씀을 통해 선교에 대한 확신을 이야기했다. 이들 사이에서 구체적인 사역 방향조차 없는 내가 한없이 작아 보였다. 하지만, 스스로를 다독이며, 몽골에 가서 나의 역할을 찾겠다는 결심으로 버텼다.

훈련 중, 교수님들은 선교사는 공부를 많이 해야 하고 글을 쓰는 사람이 되어야 한다고 강조했다. 그 말이 어릴 적 꿈을 떠올리게 했다. 하나님이 창조하신 전 세계를 내 발로 밟겠다는 꿈을 위해 기도할 때마다 "평생 공부하는 사람, 기도하는 사람이 되게 해달라"고 하나님께 떼를 쓰던 어린 시절이 떠올랐다. 막연했던 그 기도가 다시 내 마음속에서 선명해졌다.

어느새 멈춰버린 공부와 먼지만 쌓인 책들에 대한 열정이 되살아났다. 그리고 언젠가 내 이름으로 된 책을 발간하겠다는 어린 시절의 또 다른 꿈도 고개를 들었다. 나는 다시 꿈을 꾸기 시작했다. 이제는 막연한 꿈이 아니라, 하나님께서 그 꿈들을 현실로 이루실 것을 기대한다.

나의 몽골!

몽골은 교회에서 단기선교로 7박 8일, 해외봉사단원으

로 1년 동안 지냈던 곳이다. 나는 무엇보다 하나님이 창조하신 대자연에 반했고, 현지 아이들이 순수하게 예배하는 모습에 반했다.

"주 하나님 지으신 모든 세계 내 마음속에 그리어 볼 때 하늘의 별 울려 퍼지는 뇌성 주님의 권능 우주에 찼네! 주님의 높고 위대하심을 내 영혼이 찬양하네! 주님의 높고 위대하심을 내 영혼이 찬양하네!"라는 찬양이 저절로 흘러나오는 곳이었다. 현지 아이들의 순수한 예배는 나를 회개하게 만들었고, 진정한 예배자가 되고 싶은 열망을 불러일으켰다.

나는 이제 기대한다

몽골에서 나와 우리 가족을 통해 일하실 하나님을 기대한다. 진정한 예배자가 되어 하나님만 온전히 의지하는 삶을 살겠다고 다짐한다.

내 작은 꿈마저 기억하시고 이루시는 하나님을 신뢰한다. 내가 상상할 수 없는 방식으로 꿈을 설계하시고 완성하시는 하나님과 함께할 생각에 설렘과 기대가 가득하다. 몽골의 땅을 밟으며, 하나님을 사랑하고 이웃을 사랑하며, 풍성한 감사를 나누는 삶을 살길 기도한다.

애통하는 자는
복이 있나니

필리핀 선교사 허원석

신앙 배경

저는 목회자 가정의 장남으로 태어났습니다. 제 아버지는 "내가 네게 보여줄 땅으로 가라"는 하나님의 말씀에 모든 것을 내려놓고 신학을 시작하셨습니다. 아버지는 열정적인 분이셨고, 어머니는 늘 남을 먼저 생각하며 사랑으로 베푸는 따뜻한 분이셨습니다. 작은 시골 교회에서 시작한 아버지의 첫 목회는 쉽지 않았습니다. 하지만 몸이 불편한 어르신들을 찾아가 예배를 드리고, 어려운 환경에 있는 과부와 고아, 청소년들을 집으로 데려와 함께 지내며 그들의 삶을 돌보셨습니다.

어린 시절의 저는 이런 아버지, 어머니를 이해하지 못하고 때로는 원망하기도 했습니다. 그러나 시간이 지나며, 그 헌신이 손해가 아니라 사랑임을 깨닫게 되었습니다. 예수님처럼 살려고 애쓰시는 두분의 모습을 보며, 저 또한 믿음 안에서 성장할 수 있었습니다.

저에게 가장 큰 신앙의 전환점은 20살 군 복무 시절에 찾아왔습니다. 여러 고난 속에서도 주일 예배와 부대 내 아동부 교사로 섬기며, 하나님의 크신 위로를 경험했습니다. 특히, 상처받은 아이들이 변화되고 회복되는 모습을 보며, 교육 목회에 대한 소명을 느꼈습니다. 전역 후, 저는 전도사로서 사역을 이어갔고, 장로회신학대학교에서 신학을 공부하며 목사로서의 사명을 더욱 견고히 하게 되었습니다.

학원 목회에 대한 꿈

신학과에 재학 중이던 시절, 제 마음에는 '이 길이 과연 내게 어떤 미래를 열어줄까?'라는 질문이 끊이지 않았습니다. 답을 찾기 위해 다양한 경험에 도전했지만, 결국 다시 신학의 길로 돌아오게 되었습니다. 학부 시절 최선을 다하지 못했던 아쉬움이 남아, 신학대학원 입시를 준비하며 1년간 열심히 공부했습니다. 이후 신학대학원에서의 학업은 목회 현장에서 큰 도움이 되었고, 자연스럽게

학원 선교에 대한 비전을 품게 되었습니다.

장로회신학대학교 교육대학원에 입학한 뒤, 학원 선교와 기독교 교육에 대한 전문적인 소양을 쌓아갔습니다. 다양한 기독교 교육 관련 일을 경험하며 진로를 구체화했고, 종교 교사 자격을 취득하여 학원 선교와 목회 비전을 실현할 준비를 마쳤습니다. 결혼 후, 아내와 함께 하나님께서 보여주신 새로운 학원 선교의 비전을 하나님의 계획에 맞추어 필리핀 땅에서 이루고자 합니다.

선교의 길로 부르심

어린 시절, 저희 집은 마치 작은 탁아소와 같았습니다. 시골에서 목회를 시작하신 부모님 덕분에 교회에는 언제나 아이들이 가득했고, 가정환경이 어려운 학생들과 함께 생활하던 시간이 많았습니다. 그 속에서 저는 '나의 필요가 아닌 타인의 고통과 어려움에 응답하는 목회자가 되어야겠다'는 다짐을 하게 되었습니다.

2022년, 박혜민 전도사와 결혼하면서 필리핀 두마게티에서 선교사역을 감당하고 계신 장인어른의 사역을 알게 되었습니다. 처음에는 선교라는 것이 제게 너무 멀게만 느껴졌습니다. 그러나 하나님의 섬세한 이끄심 속에서 점차 선교의 길로 안내받기 시작했습니다.

신혼여행을 선교지로 떠나면서, 그곳에서 하나님의 평안과 은혜를 깊이 경험했습니다. 이후 장인어른인 박윤식 선임 선교사님의 건강을 놓고 기도하며 필리핀 사역을 돕는 중, 하나님의 분명한 부르심을 깨닫게 되었습니다. 장로회신학대학 교육대학원에서 배운 학원 선교와 목회 비전을 필리핀 선교 현장에서 이어가는 것은 하나님의 계획임을 확신하며, 주님이 주신 길을 믿음으로 걸어가고자 합니다.

선교훈련 소감

지난 한 달간의 선교훈련은 저에게 있어 선교사로서의 소명을 다시 확인하는 귀중한 시간이었습니다. 이 훈련은 단순히 지식을 배우는 시간이 아니라, 동기 선교사들과 교수 선교사님들과 함께 교제하고 배움을 나누는 소중한 여정이었습니다. 매일 하나님의 인도하심을 경험하며, 우리의 사명이 무엇인지, 그리고 그 사명을 어떻게 감당해야 할지를 깊이 깨달았습니다. 동기 선교사들과의 교제는 서로를 격려하고 함께 기도하며 하나님의 크신 은혜를 체험하는 시간이었고, 교수 선교사님들로부터는 실제적인 경험과 지혜를 배워 사역에 큰 힘을 얻게 되었습니다.

이번 훈련을 통해 하나님께서 저를 향한 분명한 계획과 인도하심을 확신하게 되었으며, 앞으로의 선교사역에 대한 비전을 더 명확히 세우게 되었습니다.

두마게티의 비전

현재 필리핀 두마게티의 아가피아 선교 센터는 예수님의 3대 사역(가르치고, 전파하며, 고치시는 사역)을 하고 있습니다. 저희 가정은 2025년부터 후임 선교사로 헌신하여 이 사역을 더욱 풍성히 이루어나갈 계획입니다. 한국에서 쌓은 신학적 기반과 영성을 바탕으로, 현지의 8개 예배당 목회자들을 말씀 중심으로 훈련하고, 직분자와 성도들을 양육하며 교육할 것입니다. 또한 삶의 가난과 어려움 속에 있는 현지 성도들을 그리스도의 마음으로 섬길 것입니다.

또한 '숭실 아가피아 국제학교'를 통해 다음 세대 지도자를 세우는 교육 사역을 준비하고 있습니다. 학교의 좌우명인 "Change Mind, New Vision"처럼, 세상의 가치관을 따르지 않고 마음을 새롭게 함으로 하나님의 뜻에 쓰임 받는 믿음의 사람들을 키우고자 합니다. 더불어 선교지에서 느낀 의료 체계의 부족함을 해결하기 위해 자비량 의료인들을 연결해 정기적인 건강검진을 제공하고, 의료 센터 시설 건립과 의료인 양성을 위한 장학 지원도 기도하며 준비하고 있습니다.

앞으로는 현지인 목회자들과 깊이 동역하며, 하나님 나라를 함께 세우는 열매를 기대하고 있습니다. 무엇보다 하나님의 계획에 순종하며 담대히 나아가고자 하며, 저희 가정을 통해 필리핀 땅에 이루어질 하나님의 역사를 소망합니다.

이 글을 읽으시는 성도님과 신앙의 동역자 여러분, 하나님께서 주신 이 귀한 사명을 잘 감당할 수 있도록 기도와 응원으로 함께해 주시길 부탁드립니다. **"애통하는 자는 복이 있나니"**라는 말씀처럼, 저희 가정과 함께 필리핀 땅을 위해 애통하며 기도해 주시기를 간청합니다. 저희는 애통하는 자로 서서 그리스도의 사랑과 주님의 복음을 있는 자리에서 최선을 다해 전하겠습니다. 감사합니다.

대를 이어 누리는 축복

필리핀 선교사 박혜민

두마게티 성장사

저는 부산에서 태어나 2001년 4살 때 선교사로 헌신하신 부모님을 따라 필리핀 '두마게티'에 도착했습니다. 도착한 지 한 달 만에 '가와사키'라는 몸속 단백질이 빠져나가는 풍토병으로 어려움을 겪었지만, 이 일을 통해 생명을 주관하시는 하나님을 늘 기억하게 되었습니다. 1남 2녀 중 막내인 저는 가정의 웃음 담당이었습니다. 부모님께서는 사역으로 바쁘셔서 3남매끼리 보내는 시간이 많았습니다. 사역을 마치고 집으로 돌아오시는 부모님을 보고 두 분 얼굴이 어두운 날이면 언니와 오빠는 저를 두 분께 보냈습니다. 그런 날은 제가 책임지고 부모님을 웃게 했습니다. 무더운 날씨 속에서 다른 문화와 언어로 현지 사역자들과 동역하는 일이 쉽지 않았다는 걸 잘 알았기에 우리까지 두 분께 짐이 될 수는 없었습니다.

8살이 되던 해에 두 분은 한국어에 서툰 저를 초등학교 1학년과 2학년 과정을 위해 한국의 외가로 보냈습니다. 이 시기를 통해 한국인으로서의 정체성을 갖게 되었고 선교지에서는 경험할 수 없는 학교와 교회 생활의 소중한 추억들을 만들 수 있었습니다. 중학교 때는 선교사 자녀를 위한 학교인 '마닐라 한국 아카데미'를 다니면서 처음으로 선교사 자녀로서의 정체성을 갖게 되었습니다. 대학생 때만큼은 선교지를 떠나고 싶었지만, 현지 대학교 신문방송학과로 진학하게 되었습니다. 대학교 생활을 위해 집을 떠난 언니 오빠의 빈자리를 채우며 부모님의 사역을 도왔습니다. 단기선교 의료선교팀 방문 때나, 부모님께서 세우신 학교 이야기로 현지 신문에 기사를 낼 기회가 여러 번 있기도 했습니다.

저는 어렸을 때부터 필리핀 사람처럼 자라서 현지에서 살 때 큰 어려움은 없었습니다. 하지만 반복되는 만남과 헤어짐 가운데 필리핀을 떠난 대부분의 사람들이 향한 곳이 한국이라는 사실을 알고 난 후 항상 한국에 가고 싶었습니다. 한국으로 가는 사람들을 보며 필리핀 말고 어디든 떠나고 싶어 짐을 싸고 풀기를 반복했던 기억이 있습니다. 방학 때 한국에 간다고 하면 한 달 전부터 짐을 싸고, 먹고 싶은 음식, 가고 싶은 곳, 갖고 싶은 것을 종이에 써놓고 손 꼽아 기다렸던 기억도 있습니다.

하나님 앞에서 나의 반응

부모님께서 개척하신 현지교회를 온 가족이 섬기면서 두 분의 손길이 미치지 못하는 어린아이들과 같이 노는 것은 자연스럽게 저의 담당이었습니다. 2010년 부터는 국제학교를 시작하면서 아이들을 가르칠 기회도 많아졌습니다. 현지 아이들과 함께하는 가운데 이들을 향한 하나님의 사랑이 얼마나 큰지 느꼈습니다. 한 아이를 귀하게 바라보며 아이들을 위해 기도하고 사랑과 관심으로 그들을 소중히 대할 수 있었습니다. 또 매년 오는 단기선교팀들과 함께 마을의 부서진 다리 수리하기, 학교 화장실 짓기, 우물 파주기 등 다양한 일을 통하여 현지인들을 섬기기 위해 노력하였습니다. 현지 목회자 세미나 때 한국 강사의 강의나 설교를 현지 언어로 동시통역 할 때마다 돕는 기쁨이 있었습니다.

선교지의 열악한 상황에도 불구하고 우리의 한계를 넘어 하나님께서 역사하시는 것을 경험하였습니다. 기쁜 마음으로 하나님을 찬양하는 현지인들을 보며 하나님께서 같은 은혜를 부어주셨다는 것을 알게 되었습니다. 또 매일 가정예배를 통하여 끊임없는 하나님의 인도를 체험했습니다. 그리고 선교지에 방문하는 믿음의 사람들과 신앙의 교제를 나누면서 저의 믿음은 더욱 성장하였습니다. 사건 사고가 자주 일어나는 선교지에서 자랐지만 내일 일을 걱정하기보다 주어진 오늘이라는 시간에 감사하며 지내왔습니다.

선교사로 결심하다

대학을 졸업하면 하고 싶은 게 많았던 저는 기대하는 마음으로 한국에 도착했습니다. 하지만 아버지의 건강이 점점 악화되어 신장 기능이 8퍼센트밖에 남지 않아 투석을 시작했습니다. 어머니는 선교사역으로 필리핀에, 언니는 직장에, 오빠는 군대에 있어 제가 아버지와 함께 6개월 동안 병원에 다녔습니다. 왜 우리 가족에게 이런 고난을 허락하셨는지, 하나님의 뜻이 무엇인지 정말 알고 싶었습니다. 저는 하나님께서 우리 가족의 희생을 통해 필리핀 사람들에게 복음을 전하시는 줄 알았는데, 하나님께서는 누군가의 희생으로 선교하는 분이 아니시라는 것을 그때 처음 알았습니다. 선교할 수 있다는 게 특권이며 축복이라는 사실을 알고 나서부터 부모님께서 얼마나 귀한 일을 하고 계신지 깨닫고 저 또한 하나님 나라를 이루어가는 데 쓰임 받고 싶어졌습니다.

아버지의 치료를 시작한 두주 뒤, 2018년 총회 파송 선교사 세미나 때 MK 스텝을 모집했습니다. 그때 교회 밖 실천 과정으로 나왔던 신학생들을 만나, 그분들의 도움을 받으며 신학대학원 입학을 준비하였습니다. 입시를 준비하면서 총회 파송 10년 이상 선교사 자녀를 위한 특별전형을 알게 되었습니다. 서류 접수를 위해 총회에서 확인서를 떼보니 2달이 부족해 선교사 자녀 전형 지원을 포기했습니다. 부모님께서는 20년간 선교사역을 하셨지만, 교회 파송으로 사역한 10년은 총회 선교사 기간으로 인정받을 수 없었기 때문입니다. 그때 마침 재외국민 전형 조건에 해당하여 급하게 다시 지원하게 되었습니다.

서류 합격 후, 긴장한 모습으로 면접실에 들어갔는데 교수님의 첫 질문이 "아버님께서 선교하시다가 몸이 다 망가졌는데, 그 모습을 보고도 선교지에 가고 싶으세요?"였습니다. 저는 그 순간 한 때 '선교사는 안 할 거야'라고 다짐했던 기억과 동시에 '그들에게도 복음이 필요하고 누군가 가서 전해야 할 복음이라면 조금이라도 더 아는 내가 가는 게 낫지 않을까?'라는 복잡한 생각으로 눈물이 터져버렸습니다. 말 한마디 제대로 못 하고 면접이 끝났습니다. 그렇게 하나님의 은혜로 23살 최연소로 신학대학원에 입학했습니다.

미리 경험한 선교

신학대학원 2학년이 되던 해에 첫 사역지 종암교회에서 유아부 전도사로 사역하기 시작했습니다. 한국에서 주일학교를 제대로 다녀본 적 없는 저에게 전도사라는 직책은 아주 부담스러웠지만 예레미야의 말씀을 통해 하나님께서 나를 세우셨다는 확신을 갖게 되었습니다. 부담이 감사로 변하고 기쁜 마음으로 사역할 수 있었습니다. 아이들의 신앙 성장을 위해 체계적인 프로그램을 적용하며, 선교지에서도 아이들을 어떻게 양육할지 고민했습니다. 무엇보다 매일 새벽 예배를 통해 말씀과 기도를 놓치지 않았습니다. 내가 먼저 말씀과 기도로 채워져야 건강한 공동체를 만들 수 있다는 생각으로 영성을 지키는 일에 힘썼습니다. 사역을 시작하고 얼마 안 되어 COVID-19로 어려웠지만, 가정 안에서 이루어지는 신앙교육이 얼마나 중요한지 깨닫고 기독교 교육에 더 많은 관심이 생겼습니다. 아이들이 장소와 시간에 구애받지 않고 하나님을 온몸과 마음을 다해 예배하고 찬양할 수 있도록 영상 편집을 배우며 최선을 다해 영상 주일예배를 준비했습니다. 신학대학원 졸업 후 기독교 교육의 필요성을 느껴 본 신학교 교육대학원에 입학하였습니다.

두 번째 사역지 청운교회에서는 어린이부 전도사로 섬겼습니다. 특별히 어린이부는 4세에서 9세의 폭넓은 나이로 이루어져 있었는데 소외되는 아이가 없도록 각 연령에 맞는 활동들을 준비했습니다. 다양한 활동들을 통하여 아이들이 하나님의 말씀에 흥미와 관심을 갖도록 노력했습니다. 학교에서 배우는 기독교 교육이 사역 현장에서 발전되고 정립되도록 실천하면서 교회학교가 더욱 풍성하게 되었고, 하나님께서는 제 삶 역시 사랑과 은혜로 풍성하게 채워주셨습니다. 또한 사역에 있어서 소통의 중요성을 깨닫고 타인의 의견을 존중하고 타 부서 목회자들과도 지혜롭게 관계를 맺으며 사역했습니다. 특별히 사람들과의 관계에 있어 선교지에서 받았던 훈련들이 많은 도움이 되었습니다.

신학대학원에 다니는 3년 동안 선교사 자녀들을 위한

'MK(선교사자녀) 동아리' 임원으로, 마지막 해에는 회장으로 섬겼습니다. 저 자신도 MK로서의 아픔이 있기에 누구보다 잘 공감하고 도울 수 있는 부분들이 많다고 생각했습니다. MK들이 한국에 돌아와 재정착하면서 만나는 여러 어려움을 함께 해결하면서, 하나님의 자녀라는 정체성이 확실히 서도록 돕는 역할을 했습니다. 이야기를 듣고 공감해 주는 것이 중요합니다. 그들만의 상처로 남는 것이 아닌, 아름다운 열매로 이어지도록 많은 관심과 기도가 필요합니다.

3대가 함께하는 선교사역

신학대학원 1학년 2학기 성지순례에서 당시 3학년이었던 남편을 알게 되었습니다. 결혼 전 남편은 해외 선교에 관심이 없어 선교 이야기를 꺼내는 것이 조심스러웠습니다. 부모님께서 저희 3 남매가 선교사가 되기를 바라실 때 누구보다 격하게 거부했던 저였기에 남편에게 강요하지 싶지 않았습니다. 하나님의 뜻이라면 남편의 마음을 움직여 주시길 기도하며 기다렸습니다. 신혼여행 한 달 전, 갑작스럽게 해외 출국 금지가 풀리면서 급하게 선교지로 떠나게 되었습니다. 그때 아버지께서는 현지인과 함께하는 연합예배를 준비하셨고, 저희 부부는 설교와 특송을 담당하며 함께 예배를 드렸습니다. 한국에서는 사역자로 각자 섬기는 교회가 있었기에 이곳에서 처음으로 함께 예배드렸습니다. 예배 중에 하나님께서 필요로 하는 곳에 쓰임 받고 싶다는 마음의 감동이 있었습니다. 남편에게도 같은 감동을 주셔서 한국으로 돌아오는 길에 남편이 먼저 필리핀 선교 이야기를 꺼냈습니다. 그리고 선교훈련 후 선교지로 나가기로 결정했습니다.

4월 10일, 출산 당일에 총회 파송 선교사 서류를 접수하고 한 달 뒤부터 선교사 합숙 훈련에 참석했습니다. 이제 갓 태어난 아이와 함께 선교훈련을 받게 되어 주변에서 많은 걱정을 하셨지만, 생명은 하나님께 속한 것이니 아무 염려할 필요가 없다는 평안한 마음을 주셨습니다. 또한 한국에 잠시 방문하신 친정어머니와 언니의 도움으로 한 달간의 선교훈련을 은혜 가운데 마쳤습니다. 선교를 준비할 때 가족의 도움이 얼마나 소중한지 더욱 깊이 깨닫는 시간이었습니다. 하나님의 선교는 한 개인의 헌신만으로는 어렵고 공동체의 헌신이 요구됩니다. 복음을 전하고 교회를 세우는 선교 사역은 혼자가 아닌 온 가족이 함께하는 공동체 사역이기 때문입니다.

저희 가정은 내년 2025년부터 두마게티에 있는 부모님의 후임으로 가 3대가 협력하는 사역을 계획하고 있습니다. 한국에서 훈련받은 신학과 영성을 토대로 선교지에 개척된 교회들을 말씀 중심으로 훈련할 것입니다. 또한 현지 사역자 간의 협력 사역을 통해 영혼을 구원하고 교회를 부흥시켜 세상을 섬길 수 있도록 돕고 싶습니다. 앞으로 한국교회나 선교사에게 의존하지 않고 스스로 선교하는 현지 교회가 될 수 있도록 돕고 싶습니다.

24년 동안 선교사 자녀였기에 누구보다 현지 상황을 잘 알고 있기에 선교에 대한 기대와 설렘보다는 부담감과 두려움이 있습니다. 그러나 위대한 하나님의 계획에 순종하며 나아가려 합니다. 하나님께서는 우리의 상황과 형편을 가장 잘 아는 분이시기에 가장 적절할 때 적절한 사람을 통하여 선교의 길을 인도하시리라 믿습니다. 저희 가정을 통해 필리핀 땅에 하나님 나라가 이루어지기를 소망합니다.

PART 2

훈련원 교수 간증

수도꼭지 열렸다

73기 총회 선교사훈련을 마치고
선교훈련원 원장 러시아 선교사 정균오

73기 총회 선교사훈련: 수도꼭지로 열린 은혜의 시간

73기 총회 선교사훈련은 하나님의 사랑과 은혜로 충만했습니다. 저는 이 훈련생들에게 '수도꼭지'라는 별명을 붙여주었습니다. 수도꼭지는 수도관에서 흐르는 물의 양을 조절하는 밸브입니다. 사람의 마음에도 흐르는 눈물을 열고 닫는 보이지 않는 수도꼭지가 있습니다. 일반적으로 사람들은 이 수도꼭지를 단단히 잠그고 열지 않습니다. 그러나 이번 훈련에서 73기 훈련생들은 훈련 내내 수도꼭지를 활짝 열었습니다. 특히 남자들이 많이 울었습니다. 도무지 울 것 같지 않던 이들이 눈물을 흘렸습니다. 그 눈물은 지나온 세월의 무게 때문만이 아니라, 하나님의 사랑과 은혜에 대한 깊은 감사의 표현이었습니다.

　이번 훈련은 총회 신학의 선교 현장화를 목표로 하여, 총회 선교 행정 정책의 이해와 실천, 그리고 공동체 생활을 통해 예수 그리스도의 모습을 닮아가는 시간이었습니다. 약 5주간 진행된 훈련에는 15가정 29명의 선교사 후보생과 15명의 선교사 자녀가 참여했으며, 교수 선교사를 포함해 총 50여 명이 공동체 생활을 함께했습니다. 훈련 중에 큰 자동차 사고가 발생하기도 했지만, 하나님의 보호하심으로 모두 무사히 지나갈 수 있었습니다.

눈물의 여정, 수도꼭지가 열린 시간

　매일 새벽, 새들의 노래와 꽃들의 향연 속에서 강의실로 향하던 길은 산골짜기를 돌아가는 좁은 길이었습니다. 강의실은 비좁아 불편했지만, 사람들과 가까이 교제할 수 있는 귀한 장소였습니다. 훈련생들과 함께 울고 웃으며, 수도꼭지가 열려 매일 눈물을 닦았습니다. 풀벌레 소리를 들으며 잠드는 밤, 피곤한 몸에도 불구하고 마음은 충만했습니다.

　훈련의 하루는 사도행전 한 장을 묵상하는 것으로 시작되었습니다. 각자의 묵상 내용을 노트에 적고, 적용점을 나누며, 조별로 깊이 있는 교제를 나눴습니다. 하나님의 말씀은 선교의 기초이자 본질이므로, 이 훈련은 선교 준비의 핵심이었습니다. 말씀 묵상을 통해 하나님의 음성을 듣고, 그 감동에 따라 수도꼭지가 열리는 시간이 많았습니다.

가슴을 울리는 강의와 변화의 순간들

월요일부터 금요일까지 하루 네 강의가 진행되었고, 초기에는 신학적 기반을 다지는 데 중점을 두었습니다. 대면 강의로는 선교 신학을, 줌을 통해서는 현장의 선교사들을 초청하여 생생한 경험을 나눴습니다. 강사들은 성령의 감동과 선교에 대한 열정으로 훈련생들의 마음을 변화시켰습니다.

올해부터 늘어난 현장 선교사들의 강의는 실질적인 도움을 주었으며, 권역장 및 현지 선교회 회장과의 만남을 통해 선교 현장과의 거리를 좁힐 수 있었습니다. 저녁에는 찬양, 기도, 설교, 간증으로 이어지는 경건회로 하루를 마무리했습니다. 30분 말씀을 전하기 위해 2시간이 넘게 운전해서 오신 설교자도 있었습니다. 이렇게 사랑과 열정으로 훈련 시간들이 진행 됐고, 훈련생들의 간증은 각자의 상처와 아픔을 솔직히 나누며, 공동체 안에서 치유와 회복을 경험하게 했습니다. 어떤 간증은 '주여 어찌하시려고...'하는 탄식이 나올 정도였지만, 그와 같은 고통의 과정을 은혜의 과정으로 받아들이고 헌신한 그들이 고귀하고 아름다워보였습니다. 하나님의 손길이 그들의 삶을 빚어가는 과정을 보며, 함께 울고 기도하며 사랑의 공동체를 이루었습니다.

눈물과 함께한 특별한 이야기들

이번 훈련에서는 특히 남자들이 많이 울었습니다. 평소 강한 모습으로만 보이던 이들이 속마음을 꺼내며 눈물을 흘렸습니다. 운동을 좋아하는 남자가, 덩치가 큰 남자가 그랬습니다. 옆에 있는 부인들이 신기하다는 듯 남편의 눈물을 닦아주었습니다. 사랑하는 가족을 떠나보낸 슬픔, 누군가에게 털어놓을 수 없던 아픔이 수도꼭지처럼 터져 나왔습니다.

가장 기쁜 소식 중 하나는, 한 부부가 선교사로 헌신을 결정하고 결혼 10년 만에 하나님께서 자녀를 주신 기적입니다. 그들의 간증은 모두의 마음을 적셨습니다. 또한, 일본 선교사 가정의 눈물은 고통과 상처를 치유하며, 새로운 희망과 기쁨으로 변했습니다.

아픔을 넘어 희망으로

하나님은 상처 입은 사람들을 통해 다른 이들의 상처를 치유하십니다. 수도꼭지 73기가 가는 곳마다 울음이 기쁨으로, 고통이 희망으로 바뀌기를 기도합니다.

훈련의 마지막 날, 훈련생들은 훈련이 짧게 느껴질 만큼 서로 깊이 정들었습니다. 공동체 생활을 통해 형성된 우정은 평생의 기도 동지로 이어졌습니다.

6월 9일, 총회 세계선교부 부장 서은성 목사님께서 시무하시는 상신교회에서 선교사 훈련생 헌신예배를 드렸습니다. 제가 설교를 맡았고, 선교사 후보생 세 분이 간증을 했습니다. 이들의 간증은 성도들에게 깊은 감동을 전해주었습니다.

평소 설교 중 어머니 이야기를 잘 하지 않는 편입니다. 어머니를 떠올리면 눈물이 나 설교를 망칠 때가 많기 때문입니다. 하지만 그날은 설교 마무리에서 어머니에 대한 이야기를 꺼냈습니다. 어머니를 마지막으로 뵙던 날, 치매로 고생하시던 어머니께서 제게 이렇게 말씀하셨습니다. "나는 정 목사를 러시아에 보내고 한 번도 다리를 뻗고 잠들지 못했어. 항상 기린처럼 목을 길게 빼고 정 목사 오기를 기다렸지." 어머니의 이 한마디는 제 가슴을 후벼팠습니다. 제가 어머니를 얼마나 사무치게 그립게 만들었는지 생각하니, 제 자신이 참으로 불효자 같았습니다. 어머니는 잠 못 이루는 밤마다 새벽이 되면 예배당으로 가셔서 자식을 위해 기도하셨습니다. 어머니의 사랑과 기도 덕분에 저는 선교지에서 30년을 견디며 살아남을 수 있었습니다.

그날 설교 중, 저는 상신교회가 73기 선교사 훈련생들의 어머니가 되어주길 간청했습니다. 어머니의 마음으로, 어머니의 사랑으로 29명의 선교사와 그 자녀들을 책임져 달라고 부탁드렸습니다. 상신교회는 73기 선교사들을 위해 기도하며, 그들이 어려운 일을 겪을 때 함께하겠다고 약속했습니다. 예배를 마친 후, 훈련생들이 제게 "원장님은 왕 수도꼭지예요"라며 웃었습니다. 그렇습니다. 왕 수도꼭지면 어떻습니까? 상신교회가 선교의 본질을 깨닫고, 73기 선교사들을 책임져준다면 대왕 수도꼭지가 되어도 부끄럽지 않을 것입니다.

73기 선교사들과 상신교회가 함께 찍은 사진을 현상해 교회에 보냈습니다. 이 사진이 교회 어딘가에 걸려, 73기

선교사들을 위해 기도하며 선교의 불꽃을 더욱 타오르게 하는 도구가 되길 소망합니다.

훈련 초기에는 모두가 4주라는 시간이 길게 느껴졌지만, 막상 훈련을 마칠 때는 "조금 더 길었으면 좋겠다"는 말이 나왔습니다. 그만큼 서로 정이 들고, 함께하는 시간이 소중했기 때문입니다. 공동체 생활을 통해 서로를 세워주며 인격적으로 성숙해지는 경험을 했습니다. 훈련 후에도 훈련생들은 서로의 파송 예배에 참석하며 축하와 격려를 아끼지 않았습니다. 모일 때마다 헤어지기 싫어하는 그들은 '3차 모임'이 기본이 될 정도로 깊은 우정을 나눴습니다. 선교사의 길을 함께 걸어갈 평생의 기도 동지와 친구가 생긴 것은 참으로 감사한 일입니다.

선교사 후보생들이 선교사로 임명되고, 저는 카카오톡 방을 떠난 그날 하루 종일 가슴이 먹먹했습니다. 이제 그들이 총회와 현지 선교회와 좋은 관계를 유지하며 하나님의 선교를 잘 이어가길 기도합니다. 4주 동안 선교사들과 그 자녀들과 함께했던 시간은 너무나 행복했습니다. 그들의 순수함, 열정, 그리고 뜨거운 눈물은 오래도록 제 마음에 남을 것입니다.

이번 선교사 훈련 기간 중, 약 35년 전 동안교회에서 만났던 친구 집사의 부인 임종을 지켜보았습니다. 그녀는 의사가 예측한 임종 시간을 훨씬 넘기며 우리를 기다렸습니다. 저는 그녀에게 "인생은 소풍이니 편히 하나님의 집으로 돌아가라"고 말하며 천국에서의 재회를 약속했습니다. 그녀는 눈과 입으로 무언가 알아듣는 듯 응답하더니, 이 세상 소풍을 마치고 본향으로 돌아갔습니다. 이후 홀로 방에 앉아 아내의 온기를 끌어안고 눈물을 흘리는 그의 모습을 생각하니, 함께하지 못한 미안함에 저 또한 가슴속으로 눈물을 흘렸습니다.

선교사는 대부분 한국에 있는 가족과 친구들의 아픔에 함께하지 못합니다. 어려운 순간 곁에 있어야 진정한 가족이고 친구인데, 선교사는 그런 순간에 함께하지 못하는 '사랑의 배반자'처럼 느껴지기도 합니다. 그래서 미안합니다. 이제 막 시작한 선교사들도 언젠가는 이러한 아픈 눈물을 경험해야 할 것입니다. 하지만 아파도, 울음을 참고 묵묵히 이 길을 걸어가야만 합니다.

훈련을 마치고 러시아로 돌아온 지 얼마 되지 않아, 71기 선교사 훈련 후 러시아로 파송되었던 선교사가 췌장암으로 소천했다는 소식을 들었습니다. 그의 마지막 무렵 "수고했다. 사랑한다. 아내와 자녀를 하나님께 맡기고 믿음으로 이 세상 소풍을 마치고 잘 가라. 천국에서 만나자"라고 한 음성 녹음을 전했습니다. 며칠 후 그는 본향으로 돌아갔습니다. 그의 젊은 나이와 고통스러운 여정을 떠올리니 제 마음도 무너졌습니다. 책상에 홀로 앉아 수도꼭지를 틀며 눈물을 쏟았습니다. 73기 선교사 한 사람 한 사람이 얼마나 귀하고 아름다운지 모릅니다. 막 선교를 시작한 이들이 선교지에서 큰 사고 없이, 큰 병 없이, 은퇴할 때까지 하나님의 보호 아래 있기를 기도합니다.

선교는 하나님의 사랑과 은혜에 대한 응답입니다. 하나님의 은혜는 하나님과 사람들을 사랑하게 만듭니다. 하나님 사랑, 사람 사랑이 선교의 시작이며 끝입니다. 하나님의 사랑에 감사하는 마음, 사람을 사랑하는 마음, 그리고 선교지 사람들을 향한 안타까운 마음이 바로 선교의 원동력입니다. 견딜 수 없는 고통 속에서도 우리는 수도꼭지를 열어야 합니다.

"애통하는 자는 위로를 받을 것이다" (마 5:4).
눈물을 흘릴 때 고통은 사라지고 마음은 정화됩니다. 눈물로 씨를 뿌릴 때 우리의 마음과 세상 속에서 하나님의 나라가 꽃피울 것입니다.

지나가는 것은
훗날 소중하게 되리니

73기 총회 선교사훈련을 마치고
선교훈련원 부원장 A국 선교사 임채정

73기 선교사 후보생 훈련을 마치며

2024년 6월, 하나님의 은혜로 PCK 73기 선교사 후보생들과 함께했던 훈련을 마치고 사역 현장으로 복귀했습니다. 그 소중한 시간들을 돌아보며, 모든 것을 주관하신 주님과 동역자들께 깊이 감사드립니다. 이 훈련을 통해 주님의 계획하심을 더욱 분명히 깨달았고, 제 마음 역시 새롭게 되었습니다. 성령 하나님께서 마가의 다락방처럼 사용하신 훈련원의 3층 공간에는 사랑과 섬김, 기쁨과 감사, 그리고 위로가 충만했음을 기억합니다.

6월 12일 수료식 아침, 기도 중에 주님께서 제게 이렇게 말씀하시는 듯했습니다. "이 훈련에 너도 불렀다." 그 순간 저는 이 훈련에 제 이름을 포함시키신 주님의 마음을 깨달았습니다. 제 이야기를 조금 나누고 싶습니다.

2021년, COVID-19 팬데믹이 한창이던 4월의 어느 아침, 시리아 난민 가정을 심방하려던 중 갑작스러운 심장 통증을 느꼈습니다. 병원 검사 결과, 관상동맥 세 개 중 두 개가 막혀 있었고 긴급 수술이 필요하다는 진단을 받았습니다. 스텐트 시술을 통해 두 곳의 혈관이 뚫렸지만, 그 이후 다섯 종류의 약을 매일 복용하며 위축된 몸과 마음으로 살아가야 했습니다. 설상가상으로 아내는 당시 추방의 위기에 처해 있었고, 저희 부부는 중간휴식을 진지하게 고민하며 15년 만에 첫 안식년을 가지게 되었습니다.

그 기간 동안, OMSC(Overseas Ministries Study Center)에서 '한국교회와 난민'을 주제로 연구하며 유익한 시간을 보냈지만 제 안에는 여전히 위축된 마음이 남아 있었습니다. 안식년이 끝나갈 무렵, 저는 주님께 이렇게 기도드렸습니다. "주님, 현장으로 돌아가면 후배들을 돕고 함께하는 사역을 감당하게 하소서."

그러던 중, 지난해 10월, 세계선교위원회로부터 한 통의 연락을 받았습니다. "임 선교사, 훈련원 사역을 맡으실 생각 있으신가요? 기도해 보세요."갑작스러운 제안에 놀랐지만, 주님께 드렸던 기도가 떠올랐습니다. 제가 기도했던 것은 지역 내 후배 사역자들을 돕는 것이었지만, 주님은 그 기도를 열방으로 확장하셨습니다.

훈련에 참여하면서 처음에는 큰 기대를 하지 않았습니다. 단지 맡겨진 일을 성실히 감당하자는 마음뿐이었습니다. 하지만 훈련이 진행될수록 주님께서 채워주시는 은혜는 제게 새로운 힘과 기쁨을 주었습니다. 몸은 피곤했지만, 심령은 행복했습니다. 원장님을 비롯한 교수 선교사님들과의 팀워크는 큰 감사의 이유였고, 훈련생들의 간증을 들으며 저도 20년 전 첫 선교사로 부름받았던 그 시절을 떠올릴 수 있었습니다.

특히 훈련생들이 사명을 깨닫기까지 겪은 고난과 그 가운데 부어주신 주님의 은혜를 나누는 순간, 저도 그들의 이야기 속에서 함께 감사의 눈물을 흘렸습니다. 2007년, 첫 사역지였던 예루살렘에서 새벽4시에 일어나 1시간을 걸어가 드렸던 새벽예배의 은혜를 다시 떠올리게 되었습니다. 눈물로 드렸던 기도는 제게 큰 위로와 회복을 주었고, 그 시간들이 얼마나 소중했는지를 새삼 깨닫게 되었습니다.

그러나 어느 순간부터 분주한 사역 속에서 눈물이 메말라갔습니다. 선교사로서의 첫사랑이 희미해진 저를 다시 주님께 돌이키게 하신 이 훈련의 시간은 너무나 귀하고 은혜로웠습니다. 사랑스럽고 믿음직한 동역자들을 만난 것도 주님의 큰 축복이었습니다.

훈련 막바지에 떠오른 푸시킨의 시가 있습니다.

삶이 그대를 속일지라도 슬퍼하거나 노하지 말라
우울한 날들을 견디며 믿으라 기쁨의 날이 오리니
마음은 미래에 사는 것 현재는 슬픈 것
모든 것은 순간적인 것 지나가는 것이니
그리고 지나가는 것은 훗날 소중하게 되리니

아름다운 훈련의 시간은 이제 우리의 기억 속 추억으로 남았습니다. 그러나 우리가 마주할 선교 현장의 현실은 때때로 우리를 슬프게 하고 힘들게 할 것입니다. 그런 순간에도 당황하거나 자책하지 마십시오. 크신 하나님의 섭리 가운데 이 또한 우리가 걸어가야 할 길이고, 우리가 져야 할 십자가임을 기억하시길 바랍니다. 현실의 힘든 시간을 만날 때, 빨리 판단하지 마시고 인내를 배우며 주님께 맡겨드립시다.

함께 훈련받았던 동기들과 나누었던 사랑과 기도, 그리고 주님 안에서 나눈 우리의 소망이 선교지에서 외롭지 않은 동역자가 되어줄 것입니다.

훈련이 성공적으로 마칠 수 있도록 헌신해주신 세계선교부 부장 서은성 목사님과 실행위원님들, 류현웅 총무님와 간사님들께 깊이 감사드립니다. 이 모든 영광은 우리 주 예수 그리스도께 올려드립니다.

"여호와께서 너희를 기뻐하시고 너희를 택하심은 너희가 다른 민족보다 수효가 많기 때문이 아니니라 너희는 오히려 모든 민족 중에 가장 적으니라"(신명기 7:7)

이 말씀처럼 우리가 자격이 있어서가 아니라, 부족하기에 사용하시는 주님께 늘 작은 자로 머물길 소망합니다. 우리 삶을 주님께 드려 구원받은 기쁨에서 쓰임 받는 삶으로 나아가는 모두가 되기를 기도합니다.

환대의 집에서
만난 사람들

73기 총회 선교사훈련을 마치고
선교훈련원 부원장 주안대학원대학교 조해룡 교수

73기 선교훈련생들과의 소중한 여정

2024년 2월, 우리는 ZOOM을 통해 처음 얼굴을 마주하며 씨름하기 시작했습니다. 각자의 자리에서 바쁜 일상을 뒤로하고 새로 들어올 귀한 손님들을 환대하기 위한 준비에 몰두했습니다. 각기 다른 나라, 러시아, A국, 우간다, 그리고 한국에 흩어져 있었지만, 우리를 묶어주는 하나님의 계획 아래 전략을 세우고 프로그램을 준비하며, 강사님들을 초청할 시간을 함께 보냈습니다. 비록 시차로 인해 밤늦은 회의가 이어졌지만, 훈련생들을 맞이할 설렘에 피곤은 뒷전이었습니다.

몇 달 후, 모든 준비가 마무리되고 마침내 인간의 신체와 감정을 들었다 났다 할 만큼 변수 많은 5월, 치악산 자락 명성수련원으로 15가정의 훈련생들이 찾아왔습니다. 그 첫 만남은 어색하고 낯설었지만, 그 속에는 하나님께서 예비하신 위대한 여정이 숨겨져 있음을 믿었습니다.

하나님의 꿈, 하나님의 사람들!

훈련생들은 저마다 하나님의 꿈과 비전을 가슴에 품고 모였습니다. 동남아시아, 남미, 동유럽, 중앙아시아로 파송될 선교사 후보생들이었습니다. 어떤 분들은 이미 선교지에서 오랜 시간을 보낸 경험자였고, 또 어떤 분들은 평신도 전문인으로서 새로운 소명을 받은 이들이었습니다.

첫날, 강의실에 모인 이들의 모습은 저마다 다채로웠습니다. 서로 다른 배경과 사연을 가진 이들이지만, 공통점은 모두 하나님의 부르심에 순종하는 삶을 살기로 결단했다는 것입니다. 설렘과 긴장 속에서 첫날밤을 보냈습니다. 그러나 공동체 생활의 시작은 결코 쉬운 일이 아니었습니다. 훈련생들 사이에서도 작은 마찰과 불편함이 생겨났지만, 그 모든 과정은 배움과 교감을 통해 점차 친밀감으로 바뀌어 갔습니다.

하나님께서는 이 과정을 통해 우리가 연약하지만, 그분

의 손길 아래 하나가 될 수 있음을 보여주셨습니다. 처음의 어색함은 시간이 지날수록 은혜와 기쁨으로 변화되었습니다.

훈련생들을 통해 일하시는 하나님!

비좁은 공간과 부족한 자원 속에서도 훈련생들은 서로의 은사를 나누며 자발적인 헌신으로 훈련을 채워갔습니다. 각자의 재능은 공동체 안에서 흘러나와 풍성한 은혜를 이루었습니다. '일하시는 하나님 그 일을 완성하시고 성취하시는 하나님'을 찬양합니다. 매 끼니를 준비해 주시는 수양관 헌신자들과 식사를 마친 후 주방을 정리하는 훈련생들, 특히 그 많은 식기를 설거지 하는 남편들의 모습은 작은 섬김과 헌신이 곧 선교의 열매임을 깨닫게 해주었습니다. 교수 선교사들의 잔소리보다 앞서시는 하나님, 길을 내시고, 준비하시며 당신의 백성을 통해 영광을 받으시는 하나님으로 인해 5월의 여름밤은 더욱 빛났습니다.

삶의 희로애락을 쓰시는 하나님!

매일 저녁, 훈련생들은 자신들의 삶을 나누며 하나님의

은혜를 간증했습니다. 고난과 상처로 얼룩졌던 이야기는 하나님의 손길을 통해 회복된 간증으로 변화되었습니다. 각자의 이야기를 들으며, 우리 모두가 하나님의 가족임을 확인했습니다. 함께 울고, 기도하며, 하나님의 선하심을 찬양했던 시간은 잊을 수 없는 은혜의 순간이었습니다.

"그래, 하나님은 상처 난 우리의 과거를 간과하지 않으시고 사용하시는 하나님이시지, 하나님은 선하신 분이시며, 너무 멋진 분이셔." 혼잣말로 중얼거리며 모임을 끝낼 때가 많았습니다.

특별했던 73기

저 또한 과거, 선교사 훈련생으로 같은 여정을 걸었던 적이 있습니다. 그러나 그때는 훈련의 과정이 오직 나와 내 가족에게만 초점이 맞춰져 있었습니다. 이번에는 교수선교사의 위치에서 훈련생들과 함께하며, 하나님께서 이 훈련을 얼마나 사랑하시는지와 선교훈련의 필요성을 다시금 깨닫게 되었습니다.

73기 훈련생들은 서로 다른 배경 속에서도 사랑과 우정을 나누며 하나님의 선교를 위한 동역자로 준비되었습니다. 그들의 나눔과 헌신은 훈련의 열매로 나타났고, 제게도 깊은 도전과 회복의 시간이 되었습니다.

암탉이 알을 품고 부화되기를 인내로 기다리듯, 아버지의 심정으로 이들을 보게 하셨고, 특별한 은혜를 누리게 하셨습니다. 가르치는 자로 시작된 73기 훈련은 이들을 통해 배우고, 도전받고, 뜨거운 열정으로 하나님 사랑이 회복되는 시간이었습니다.

헤어짐 속에서도 남는 감사

4주간의 여정은 마치 한순간처럼 지나갔습니다. 훈련을 마치고 떠나는 훈련생들의 뒷모습을 보며 아쉬움이 밀려왔습니다. 그러나 이별은 끝이 아닌 또 다른 시작임을 알기에, 그들의 발걸음이 하나님의 선교 현장에서 빛나기를 기도합니다.

"언제 또 보지? 언제 또 만날 수 있을까?" 이 귀한 동역자들을... "그래, 가서 열심히 하나님의 선교를 위해 잘들 살어. 건강하고, 서로 사랑하고, 자녀들 잘 돌보면서 말야. 선교는 무엇보다 잘 살아야 하는 거야. 내가 사랑하는 거 잊지 말고. 기도할게!"

모든 것이 협력하여
선을 이루다

73기 총회 선교사훈련을 마치고
선교훈련원 교수 우간다 선교사 김종우

교수 선교사로 부르심에 대한 감사와 소감

부족한 저를 교수 선교사로 불러주신 하나님께 먼저 모든 영광과 감사를 올려드립니다. 과연 제가 이 일을 감당할 수 있을까 하는 두려움과 함께, 교단 안에 수많은 훌륭한 선교사들이 계신데도 다시금 선택해 주신 은혜에 깊은 감격과 책임감을 느꼈습니다. "한국에 잠시 머무는 이 시점에 당신을 통해 역사하실 것"이라는 원장님의 말씀에 주저함도 있었지만, 하나님의 타이밍이라는 믿음으로 순종하며 이번 훈련에 참석하게 되었습니다.

소중한 훈련 여정을 돌아보며

선교 열정의 회복: 이번 훈련에 29명의 선교사 후보생들이 등록하여 참석한 것은 제게 큰 기쁨과 희망을 안겨 주었습니다. 한국교회 선교 열정이 약해지는 현실 속에서도 이렇게 많은 분들이 하나님의 부르심에 응답하며 나아오는 모습을 보며 뜨거운 감사를 느꼈습니다.

귀한 훈련생들과의 만남: 첫 만남부터 훈련생들이 얼마나 잘 준비되어 있는지 느낄 수 있었습니다. 모두가 끝까지 성실히 참여하고, 협력하며 열심히 배우는 모습을 보며 큰 감동과 희망을 품게 되었습니다.

깊은 은혜와 도전: 아프리카 선교 현장에서 종종 한국의 강의를 접할 기회가 부족했기에, 이번 훈련에서 여러 교수들의 강의를 들으며 큰 은혜를 받고 새로운 도전을 받을 수 있었습니다.

영적 성장의 시간: 매일 아침 큐티 나눔과 저녁 집회는 제게 깊은 은혜와 새 힘을 주었습니다. 찬양, 강사들의 설교, 선교사들의 간증, 그리고 합심기도 시간은 제 마음을 새롭게 하고 하나님의 임재를 체험하는 귀한 시간이었습니다.

MK들과의 특별한 은혜: 예상치 못했던 MK들과의 만남은 저에게 특별한 은혜였습니다. 그들과 함께하며 어린 아이처럼 순수한 마음으로 돌아가고, 제 안의 자아를 비우고 낮아지는 귀한 경험을 하게 되어 깊이 감사했습니다.

아름다운 동역과 헌신: 원장님과 부원장님, 교수 선교사님들, 총회 선교부 간사님들, MK 사역팀 등과의 협력은 아름다운 동역의 본이 되었습니다. 이들의 헌신 속에서 저는 큰 기쁨과 배움을 얻을 수 있었습니다.

자연 속에서의 치유: 치악산 자락에 위치한 명성수양관의 아름다운 정취와 시냇물 소리는 선교지에서 맛보지 못했던 새로운 힐링의 시간이 되어주었습니다. 잠시나마 쉼과 고향의 따뜻함을 느낄 수 있었던 소중한 순간이었습니다.

아킬레스건 부상과 교훈: 개인적으로 축구장에서 아킬레스건이 끊어지는 부상을 당하여 끝까지 제 역할을 다하지 못한 점은 매우 송구스러웠습니다. 하지만 이를 통해 하나님께서 제게 '절제'를 잊지 말라는 엄중한 교훈과 책망을 주셨음을 깊이 깨닫게 되었습니다.

새로운 희망과 다짐

이번 훈련은 저에게 은혜와 감사, 그리고 새로운 희망

을 품게 한 소중한 시간이었습니다. 이제 선교지를 향해 나아가는 귀한 후배 선교사들의 여정에 하나님께서 항상 동행하시리라 믿습니다. 여러분의 삶과 사역을 통해 하나님께서 놀라운 일을 이루실 것을 기대하며 기도합니다.

끝까지 초심을 잃지 않고, 하나님께 초점을 맞추며 달려가는 여러분의 여정이 승리로 마무리되길 바랍니다. 주님의 선교를 위해 헌신하는 모든 분들에게 주님께서 승리의 면류관을 허락하시리라 믿습니다.

아멘. 할렐루야! 모든 감사와 영광을 하나님께 돌립니다.